公路交通应急保障系列丛书

REPAIR TECHNOLOGY AND RUSH REPAIR MODE OF CONCRETE BRIDGE AFTER FIRE

火灾后混凝土桥梁抢修技术与抢修模式

李斐然　王学勤　陈景星 编著
常兴文　刘东旭　审

人民交通出版社股份有限公司
China Communications Press Co.,Ltd.

内 容 提 要

本书是关于火灾后混凝土桥梁抢修的专著,全书共8章。第1章介绍了火灾事故和桥梁火灾方面的研究成果;第2章对火灾后桥梁的检测和鉴定技术进行介绍;第3章对桥面火灾开展了温度场分布的理论研究;第4章和第5章分别介绍了加固方法和设计方案;第6章针对京港澳高速公路刘江黄河特大桥引桥的加固施工技术进行了详细论述;第7章对抢修过程中的监控和后评价技术进行了探讨;第8章针对我国桥梁抢修的模式和刘江黄河特大桥抢险的经验进行了分析。

本书可作为火灾后混凝土桥梁抢修的设计、施工和检测的指导手册,也可为类似桥梁抢修作参考使用。

图书在版编目(CIP)数据

火灾后混凝土桥梁抢修技术与抢修模式 / 李斐然,王学勤,陈景星编著. — 北京 : 人民交通出版社股份有限公司, 2017.9

ISBN 978-7-114-14158-4

Ⅰ. ①火… Ⅱ. ①李… ②王… ③陈… Ⅲ. ①混凝土建筑物—桥梁工程—维修 Ⅳ. ①U448.33

中国版本图书馆 CIP 数据核字(2017)第 218064 号

书　　名: 火灾后混凝土桥梁抢修技术与抢修模式
著 作 者: 李斐然　王学勤　陈景星
责任编辑: 卢俊丽　卢　珊
出版发行: 人民交通出版社股份有限公司
地　　址: (100011)北京市朝阳区安定门外外馆斜街3号
网　　址: http://www.ccpress.com.cn
销售电话: (010)59757973
总 经 销: 人民交通出版社股份有限公司发行部
经　　销: 各地新华书店
印　　刷: 北京鑫正大印刷有限公司
开　　本: 720×960　1/16
印　　张: 10.5
字　　数: 185千
版　　次: 2017年9月　第1版
印　　次: 2017年9月　第1次印刷
书　　号: ISBN 978-7-114-14158-4
定　　价: 49.00元

《火灾后混凝土桥梁抢修技术与抢修模式》
编　委　会

前 言

桥梁在生命周期内可能受到多种外部自然灾害和人为事故的侵袭，同时还会受到内部材料性能降低的影响。材料性能降低和抵抗自然灾害侵袭方面属于设计规范考虑的范畴，比如桥梁设计基准期和桥梁设计使用年限是对材料性能的考虑，桥梁的作用和作用组合是基于设计安全度下抵抗温度、车辆、地震、洪水等作用的考虑，而人为事故具有突发性和不可预料性，目前难以完全包含在设计规范范围内，比如连霍高速公路河南境洛三段义昌大桥发生的爆炸事故是极其偶然的，如果在设计阶段考虑此类爆炸工况，桥梁的建设成本将大幅提高，从该项风险发生的概率角度而言是不必要的。对于桥梁抢险重在事后处置，而不完全在于事前预防。本书针对人为事故中最常见的灾害——火灾，针对最常见的桥梁形式——混凝土桥梁，开展桥梁抢修的相关研究，以期能提升桥梁抵抗人为事故的能力，为公路桥梁的长期健康运营提供更为有效的保障。

我国的桥梁发展已经从建设的高峰逐渐转入管养的高峰，公路货运运输多元化，运输量持续增长和桥梁老龄化，导致桥梁受到火灾风险的概率大幅增加，桥梁抵御火灾风险的能力不断下降，车辆自燃、交通事故引发火灾、运输易燃易爆物品的车辆起火等原因导致全国平均每年发生4~6起重大桥梁火灾事故，并且呈逐年增长趋势。本书以京港澳高速公路刘江黄河特大桥北引桥桥面火灾的抢修全过程为背景，对火灾下桥梁的温度场效应进行了理论分析，并通过火灾后桥梁的检测结果进行验证，还原了火灾状况下混凝土桥梁的温度场效应，为有效制订抢修方案提供了基础支撑；介绍了新型的水切割混凝土技术、新旧混凝土界面胶连接技术、体外预应力碳纤维板加固技术等在抢修工程中的应用；系统阐述了抢修全过程采用的施工方法、检测和监测技术；最后，从管理和制度两个方面，对桥梁抢修的项目管理模式进行了论证和分析，提出了以设计单位为主导的检测、设计、施工、监测一体化桥梁抢修模式，最大限度地保障抢修速度和质量，为相似工程提供参考。

本书结合京港澳高速公路刘江黄河特大桥北引桥桥面火灾事故，针对火灾后桥梁的检测与鉴定、加固方案设计与施工工艺设计、抢修施工组织与施工方法、抢修模式等内容进行了系统研究，全书共分为 8 章。第 1 章介绍了火灾事故和桥梁火灾方面的研究成果；第 2 章对火灾后桥梁的检测和鉴定状况进行了介绍；第 3 章对桥面火灾开展了温度场的理论研究；第 4 章和第 5 章分别介绍了加固方法和设计方案；第 6 章针对京港高速公路刘江黄河特大桥引桥的加固施工技术进行了详细论述；第 7 章对抢修过程中的监控和后评价技术进行了探讨；第 8 章针对我国桥梁抢修的模式和刘江黄河特大桥引桥抢险的经验进行了分析。

本书由河南省交通规划设计研究院股份有限公司组织撰写。其中，第 1 章由李斐然、贾亚光撰写，第 2 章由李斐然、袁波撰写，第 3 ~5 章由李斐然、梁柯峰等撰写，第 6 章由王学勤、魏俊锋、关梁超等撰写，第 7 章陈景星、曾勇等撰写，第 8 章由莫杰撰写。全书由常兴文与刘东旭进行审阅与修改。

感谢河南省交通运输厅、河南省收费还贷高速公路管理中心、河南省交通运输厅高速公路管理局的大力支持，感谢河南汇新工程科技有限公司、河南省交院工程检测科技有限公司、河南伯淼水处理有限公司提供的帮助。

本书属于公路交通应急保障系列丛书，现有文献对于桥梁火灾的研究涉及较少，对于桥梁过火后的检测、设计、施工及管理还缺乏系统性的论著，本书结合京港澳高速公路刘江黄河特大桥北引桥桥面火灾事故的抢险实例，对桥梁过火后的抢修工程进行了系统论述，以期为同行，甚至为后期形成桥梁火灾后的处置模式提供参考。本书虽然对火灾后混凝土桥梁抢修进行了相对全面的总结，但作者水平有限，谬误和不足之处仍在所难免，希望读者批评指正，以便进一步修改完善。

作　者

2017 年 6 月

目 录

第1章 绪　　论

1.1 桥梁火灾事故分析

火灾是工程结构最严重的灾害之一。近年来，随着经济和交通建设的快速发展，运输易燃易爆货物的重型货车日益增多，桥梁火灾事件频发，引发的火灾、爆炸事故给桥梁带来严重威胁[1]。表1-1和表1-2分别统计了美国和我国近年来部分遭受火灾的桥梁，图1-1～图1-8为美国部分桥梁火灾现场照片，图1-9～图1-24为我国部分桥梁火灾现场照片。

近年来美国桥梁火灾事故[2]　　表1-1

序号	位　　置	桥　　名	时间
1	马里兰州，巴尔的摩市	I-695公路某立交桥	1997.06
2	纽约州，扬克斯市	I-87公路某桥梁	1997.10
3	宾夕法尼亚州，费城	I-95公路某桥梁	1998.05
4	北卡罗来纳州，Valdese市	某立交桥	1998.07
5	乔治亚州	I-285公路某桥梁	2001.06
6	佛罗里达州，坦帕市	Indp. Pkwy桥	2001.12
7	亚拉巴马州，伯明翰市	I-65公路某桥梁	2002.01
8	马里兰州	I-895及I-95公路立交桥	2004.01
9	纽约市	连接曼哈顿岛和皇后区的桥梁	2005.10
10	美国纽约皇后区	高速公路某桥梁	2006.01
11	亚利桑那州	Bill Williams River Bridge	2006.07
12	旧金山地区	奥克兰海湾大桥引桥	2007.04
13	旧金山地区	奥克兰海湾大桥	2009.09
14	密西西比州	Rock Island Swing Bridge	2010.11
15	科罗拉多河上	连接加利福尼亚州和亚利桑那州的桥梁	2013.09
16	加利福尼亚州	Herperia15号洲际公路上方一立交桥	2014.05
17	纽约市	Manhattan Bridge	2017.01

近年来国内桥梁火灾情况统计表

表 1-2

序号	桥梁所在地	桥　名	桥　型	火灾原因	起火点	火灾现场情况	事故时间
1	沈海高速公路泉州至惠安段	过坑高架桥	预应力混凝土箱梁桥	油罐车翻车起火	桥面	第二联部分梁板及桥墩严重烧毁,最终拆除重建	2010.06.26
2	辽宁省沈阳市	沈阳工农桥	预应力混凝土梁桥	桥下堆积物起火	桥下	南部第一跨桥受损严重,换梁处置	2010.07.09
3	黑龙江省哈尔滨市	松花江大桥	—	焊接操作不当	在建桥墩	施工现场覆盖的保温棉被点燃	2010.11.17
4	四川省成都市	东客站西广场高架桥	预应力混凝土箱梁桥	沥青铺装车起火	桥面	大火被及时扑灭	2011.04.25
5	陕西省榆林城区	草沟大桥	预应力混凝土箱梁桥	油罐车汽油泄漏	桥面	桥面严重受损,部分箱梁爆裂,经鉴定为危桥,最终拆除重建	2011.08.02
6	浙江省青田县	温丽高速公路	预应力混凝土小箱梁桥	货车起火	桥面	桥梁盖梁、桥墩、桥面、扶手受损严重,400m^2 沥青路面损毁	2011.08.16
7	辽宁省大连市	大连西路桥	—	桥下堆积物起火	桥下	现场浓烟滚滚	2011.09.18
8	江苏省南京市	南京绕城公路高架桥	预应力混凝土箱梁桥	货车起火	桥面	现场浓烟滚滚	2011.09.22
9	陕西省宝鸡市	南关路南关桥	预应力混凝土箱梁桥	桥下堆积物起火	桥下	梁底混凝土爆裂,局部露筋	2011.09.29
10	辽宁省沈阳市	桃仙机场 T2 航站楼高架桥	预应力混凝土箱梁桥	烟头	桥面	现场浓烟滚滚	2012.02.21

续上表

序号	桥梁所在地	桥 名	桥 型	火灾原因	起火点	火灾现场情况	事故时间
11	四川省渠县	渠江二桥	钢管混凝土拱桥	—	承重钢结构	大火被及时扑灭	2012.04.18
12	福建省厦门市	大嶝大桥	预应力混凝土箱梁桥	桥下堆放物起火	桥下	箱梁受损严重，横向预应力筋外露，桥台支座损伤，梁表受到燃烧物烟熏	2012.05.31
13	青海省西宁市	文汇路跨湟水河大桥	混凝土梁悬索桥	支架木料起火	桥下	上、下部结构均出现了混凝土开裂、露筋等损伤	2012.06.12
14	广深沿江高速公路广州市段	黄埔区宏达路高架桥	—	货车追尾油罐车	桥面及桥下	32～42 号墩范围内上下部结构不同程度烧伤	2012.06.29
15	重庆市内环快速路	高家花园大桥	预应力混凝土箱梁桥	货车油箱起火	桥面	桥面沥青层损坏	2012.08.27
16	陕西省西安市	东二环互助路立交桥	预应力混凝土箱梁桥	桥下汽车自燃	桥下	火灾持续 1h，梁底被熏黑	2012.10.18
17	沈海高速公路大连段	金州匝道桥	预应力混凝土梁桥	货车掉落机油	桥下	火烧超半小时	2013.03.29
18	香港特别行政区	黄大仙龙翔道天桥	—	电动车起火	桥下	天桥底部被完全熏黑	2013.08.26
19	北京市海淀区	肖家河桥	预应力混凝土箱梁桥	桥下配电机柜起火	桥下	火烧超过 3h，大火正上方的桥体底面水泥大片脱落	2014.01.18

续上表

序号	桥梁所在地	桥　名	桥　型	火灾原因	起火点	火灾现场情况	事故时间
20	郑少高速公路郑州至新密段	11km 处的桥梁	—	汽油罐车着火	桥面	过火面积约 $60m^2$	2014.01.29
21	西攀高速公路米易至垭口段	王家沟中桥	钢筋混凝土空心板桥	桥下竹林起火	桥下	桥底混凝土强度严重下降，过火区混凝土破损露筋，支座损坏	2014.03.12
22	江西省南昌市	生米大桥引桥	预应力混凝土箱梁桥	焊接操作不当	桥下	过火面积约 $900m^2$，桥墩、梁体、支座等构件严重烧损	2014.03.18
23	湖南省郴州市	赤石特大桥	预应力混凝土斜拉桥	焊接操作不当	在建桥塔	9 根斜拉索断裂，桥面一侧下沉 2m	2014.10.29
24	湖南省长沙市	西二环龙王港桥	预应力混凝土箱梁桥	流浪汉烧柴取暖	桥下	过火面积几十平方米，部分钢筋裸露	2015.02.04
25	渝昆高速公路会泽县境	K599 处桥梁	预应力混凝土梁桥	桥梁下民房起火	桥下	桥面及墩柱混凝土剥落，钢筋露筋，桥板出现裂缝，交通中断	2015.03.11
26	山西省太原市	南沙河双塔西街高架桥	预应力混凝土箱梁桥	焊接操作不当	桥下	梁底被熏黑，表面水泥脱落	2015.03.22
27	河南省郑州市	刘江黄河桥北引桥	预应力混凝土 T 形梁	车辆碰撞	桥面	顶板混凝土严重灼伤，局部修补	2016.02.29
28	广东省清远市	北江伦洲大桥	—	起因不明	在建桥墩	—	2016.03.27
29	浙江省宁波市	杭州湾跨海大桥	预应力混凝土箱梁桥	客车起火	桥面	沥青层被破坏	2016.05.01
30	江苏省	润扬大桥主桥	悬索桥	车辆自燃	桥面	现场浓烟滚滚	2016.10.05

图 1-1 Ⅰ-65 公路某桥梁(2002)

图 1-2 连接曼哈顿岛和皇后区的桥梁(2005)

图 1-3 Bill Williams River Bridge(2006)

图 1-4 奥克兰海湾大桥引桥(2007)

图 1-5 Rock Island Swing Bridge(2010)

图 1-6 连接加利福尼亚州和亚利桑那州的桥梁(2013)

图 1-7　Herperia 15 号洲际公路立交桥(2014)

图 1-8　Manhattan Bridge(2016)

图 1-9　哈尔滨松花江大桥在建桥墩起火

图 1-10　沈阳工农桥桥下堆积物起火

图 1-11　陕西榆林草沟大桥油罐车起火

图 1-12　浙江青田博瑞沿江桥货车起火

图 1-13 陕西宝鸡南关桥桥墩间堆积物引发火灾

图 1-14 重庆高家花园大桥货车油箱起火

图 1-15 西安东二环互助路立交桥堆积物引发火灾

图 1-16 香港黄大仙龙翔道人行天桥桥下起火

图 1-17 北京北五环肖家河桥桥下建筑引发火灾

图 1-18 郑少高速公路郑州至新密段油罐车着火

图1-19　西攀高速公路王家沟中桥桥下竹林起火

图1-20　江西南昌生米大桥气割操作不当引发火灾

图1-21　湖南郴州赤石大桥焊渣掉落引发火灾

图1-22　湖南长沙龙王港桥桥下取暖引发大火

图1-23　山西太原双塔西街高架桥焊接不当引发火灾

图1-24　杭州湾跨海大桥车辆起火

对表1-2中的30起桥梁火灾进行分类统计,其中公路桥13座、市政桥17座,桥梁受火灾侵袭的事故平均每年发生4.3起。在17座市政桥梁中,2座为在建桥梁,在运营期中的桥梁11座起火点位于桥下,4座起火点位于桥面,这是由于市政桥梁往往在桥下同时具备地面通行的原因所致,因此对于市政桥梁研究的重点应在起火点位于桥下的火灾事故上,而实际上由于市政桥梁位于人口密集区,具有较为完善的市政防火设施,一般火灾持续的时间短,对桥梁的损伤相对较小。如果对桥梁损伤较大,会造成桥梁正弯矩区钢筋或预应力钢筋损伤,这类病害难以通过简单的修复完成,多数只能采用换梁的方式解决。在13座公路桥梁中,有2座起火点位于桥下,大都因桥下的可燃物燃烧所致,这类事故人为因素较多,可通过管理手段避免;有1座为施工不当导致的火灾;剩余的10座桥梁火灾均发生在桥面上,由车辆相互撞击、自燃、运输危险品等导致,因此对于公路桥梁,研究的重点应在起火点位于桥面的火灾事故应对上,相对于起火点位于桥下的火灾事故,桥面起火时梁体位于可燃物底部,结构物表面的温度相对较低,且桥梁没有形成密闭空间,散热效果较好,这类桥梁可通过修补的方式恢复桥梁的承载力。在30座桥梁中除2座为特殊结构桥梁外,其他均为混凝土桥梁,因此对起火点位于桥面的混凝土桥梁进行研究具有较为广泛的意义。公路桥梁一旦出现火损,短期内难以恢复通行,危及公路尤其是高速公路网的正常运营,需采用抢修模式进行加固,这是本书的重点内容。

桥梁火灾与其他突发事故(如地震、洪水等)相比,其显著特点在于火灾具有突发性和不可预测性。火灾对桥梁的损伤特点表现在以下3个方面:一是火灾对于桥梁常因材料损伤继而发生结构损伤,非外力所致,与地震、洪水、爆炸、超载等荷载因素区别明显;二是火灾往往伴随着危险品泄漏问题,对桥梁结构可能造成化学性损伤;三是火灾对桥梁结构作用时间的长短直接关系桥梁的损伤程度。起火点位于桥面的混凝土桥梁火灾事故,短时间内虽不致桥梁立即倒塌,但损伤程度如何快速判断,是否具备临时保通条件,加固抢修方案安全性与快速性如何认定,受损桥梁长期使用是否存在安全隐患,这些问题均需进行研究。火的物理和化学作用使钢筋混凝土材料性能发生改变,由于各位置混凝土厚度和受力机理不同,导致不同构件损伤的程度不同。开展火灾下混凝土桥梁力学行为的系统研究,对灾后桥梁的抢修具有重要的实际价值。

1.2 桥梁火灾事故研究现状

国内外工程结构抗火研究,主要集中在火灾作用、结构升温计算、高温下结构材料的性能、火灾下结构反应、火灾后结构性能等方面,研究对象以房建结构为主,2000年后开始针对桥梁结构在火灾下的结构性能展开了部分研究[3]。

1.2.1 火灾作用

1918年,美国ASTM-E119标准提出了火灾温度上升的标准曲线。1928年,Ingberg等[4]提出了经典的火灾作用概念,建立了火灾作用与结构耐火极限的关系。1958年,Kawagoe[5]建立了与通风系数成正比的燃烧速率模型,推导了隔间内热平衡关系。1982年,Harmathy等[6]提出了标准热荷概念和标准热荷均匀性理论,并运用标准热荷概念建立了对火灾严重性的评价方法。在各国学者广泛研究的基础上,1975年,国际标准组织(International Standards Organization)提出了隔间内火灾标准升温曲线ISO834,标志着隔间内火灾温度场的研究进入了一个崭新的阶段,之后的许多研究都是基于标准升温曲线并考虑实际火灾下各因素修正后进行的。目前常用的火灾升温曲线有ISO834、Eurocode(EC,碳氢燃烧)和ASTM-E119等,如图1-25所示。桥梁结构火灾的特点与大空间建筑火灾类似,但是桥梁处于室外开放空间,桥梁火灾会受到风的影响,其火灾环境的温度场与大空间建筑火灾有一定的区别,然而目前并没有针对桥梁火灾升温曲线的相关规范。2012年,Maria Garlock等[7]提出需要考虑起火点位置、燃料类型、环境条件等参数对火灾升温曲线进行修正。

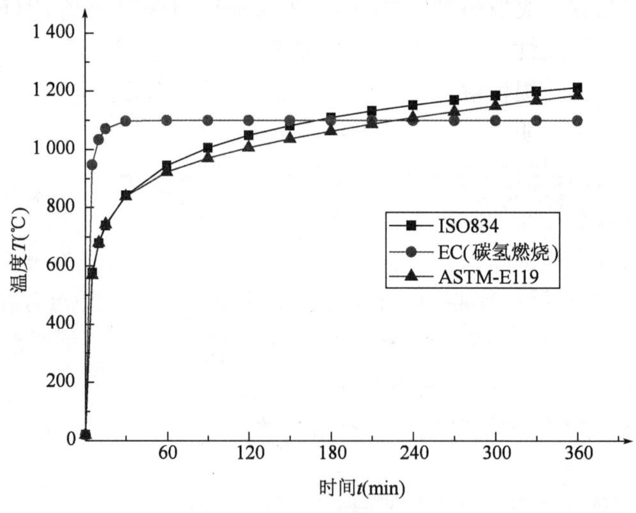

图1-25 标准火灾升温曲线

关于火灾作用，国内消防工程专业做了大量的理论和试验研究，其研究侧重点在烟气扩散方面，而对结构起主要作用的是火灾引起的高温。国内很多学者都是基于火灾标准升温曲线来模拟结构受火的。2013 年，刘其伟等[8]以江苏省某高速公路预应力混凝土空心板桥的突发性火灾为研究对象，采用欧洲规范提供的烃类理论火灾升温曲线对空心板结构火灾温度场进行了仿真分析。2016 年，张岗等[9]对欧洲规范火灾升温曲线进行了修正，并以此建立受火模型，得到了下部受火时预应力混凝土 T 形梁桥的温度分布状态。

1.2.2 火灾下结构升温研究

桥梁过火区混凝土温度场分布是研究火灾后结构性能的前提。火灾发生时，主梁周围空气温度快速上升，使主梁表面温度迅速升高，然后通过热传导作用，逐渐传递到主梁内部。由于钢筋混凝土材料的热惰性，主梁内部的温度分布是不均匀的，并且随着火灾时间而不断发生变化，因此其温度场为非线性瞬态导热问题，无法用解析法求解，可采用数值方法求解或者基于解析法和参数分析给出构件升温的简化算法。数值方法主要有有限差分法和有限单元法，数值方法理论上可以计算任意火灾条件下结构构件的升温过程。随着计算机技术的发展，通过编制计算机程序可使计算过程变得较为简单。总的来说，火灾下结构构件的升温计算方法本身已经比较成熟，如何准确测定材料热工（工程热力学与传热学的简称，下同）性能参数才是问题的关键。

1996 年，Huang Zhaohui 等[10]编制了非线性有限元程序来预测火灾下钢筋混凝土构件截面温度场的变化，在有限元模型中充分考虑了混凝土中水分的影响及随着温度和湿度而变化的混凝土热工性能，随后通过一系列的试验证明了计算结果具有较高的精度。2005 年，Dotreppe 等[11]利用计算机程序 SAFIR[12]对比利时 Vivegnis 桥火灾倒塌的全过程进行了数值分析，包括基于欧洲规范烃类标准升温曲线的瞬态结构温度场分析。2005 年，余志武等[13]编制了三面受火钢筋混凝土梁截面温度场非线性有限差分计算程序，在合理确定混凝土热工参数的基础上，采用增大混凝土质量热容的方法，并考虑混凝土中自由水与结合水的物理化学反应对混凝土温度场的影响，最终得到了三面受火钢筋混凝土梁截面温度场，并与试验结果进行了对比，两者吻合较好。2011 年，房帅平[14]利用有限元软件 ANSYS 瞬态分析方法研究了预应力混凝土箱梁截面温度场，得到了箱梁截面温度场的特点、不同保护层厚度下预应力钢筋温度与受火时间的关系及受火时间、截面尺寸和受火面数量对箱梁截面温度场的影响。

1.2.3 材料高温力学性能

经过几十年的研究积累,国内外学者对结构常用材料(如混凝土、普通钢筋和预应力钢筋等)高温下的力学性能有了大量的数据积累。主要的研究成果被收录在美国规范ACI216R和欧洲规范EC2中。其中较为统一的观点有:各种混凝土和钢筋在高温下及高温后抗压抗拉强度、弹性模量均明显下降,下降程度与升温速度及高温持续时间等因素有关;混凝土和钢筋在高温下的徐变速度明显加快;混凝土抗压极限强度随着温度的升高而降低,极限应变增大。1967年,Erlin和Abrams[15]通过试验得到了钢绞线在400℃、500℃、600℃、704℃和865℃高温后的残余抗拉强度值,分别为90%、60%、41%、32%和29%。1988年,美国PCI(Prestressed Concrete Institute)颁布的抗火设计指南[16]也提供了类似的数值。随着对已有结构改造、加固的应用日益增加,加固材料的高温性能也成为近年来研究的重点。1981年,Griffis等[17]通过试验给出了碳纤维布(Carbon Fiber Reinforced Polymer,CFRP)的导热系数、比热容和重度随温度的变化曲线,表明碳纤维布在绝氧条件下具有非常好的高温力学性能。2003年,Bisby[18]通过试验得到了CFRP强度随温度的变化规律,在绝氧环境中CFRP强度在1 000℃以内不随温度升高而降低。环氧树脂作为CFRP的另一主要成分,在温度接近玻化温度(高聚物无定形部分从冻结状态到解冻状态的一种松弛现象)时,强度就会大幅降低,当温度高出玻化温度时,其抗拉和抗剪强度甚至完全丧失。

2002年,范进、吕志涛[19]通过试验研究了预应力钢丝在经历高温作用并冷却后的力学性能,包括极限强度、名义屈服强度、弹性模量和延伸率及其变化规律,并给出了力学模型。2003年,肖建庄等[20]在对大量文献进行研究与对比分析的基础上,回顾了近40年来我国在混凝土与钢筋材料抗火性能方面的研究成果,包括混凝土的高温热工性能及力学性能、钢筋的高温力学性能及高温中(后)混凝土与钢筋之间的黏结性能等。结果显示:高温会使混凝土和钢筋的力学性能衰减,使钢筋与混凝土之间的黏结性能大幅下降,但由于试验对象、方法和设备上的差异,试验结果呈一定离散性。2003年,蔡跃等[21]综合了高温下材料力学性能研究成果,对组成预应力混凝土结构材料的混凝土、预应力钢筋建立了高温下材料的力学模型。2004年,王俊、蔡跃等[22]通过试验研究了高温下高强预应力钢筋的蠕变,建立了高强预应力钢筋的高温蠕变模型,并验证了预应力混凝土结构抗火分析时应计入预应力筋蠕变的必要性。针对加固材料的高温力学性能,2005 年,吴波、万志军[23]对 7 组 CFRP 布配套的普通环氧树脂胶进行了拉伸剪切强度试验,结果表明,树脂胶拉伸剪切强度随着温度的升高总体上显著降低,且降低速率呈现先快后慢的趋势,主要降低幅度集中在 25 ~ 80℃范围内,普通环氧类有机胶在温度升高时除强度急剧降低外,还可能发生相态的改变。

1.2.4 预应力混凝土结构抗火性能

预应力混凝土结构受力复杂,其抗火性能劣于普通混凝土结构,针对火灾后预应力混凝土结构的损伤特点,国外学者开展了较多的试验研究。二十世纪六七十年代,美国学者制作了超过 140 个足尺预应力混凝土结构构件,对其抗火性能进行了研究。1971 年,Krishnamoorthy 等[24]在考虑混凝土徐变和温度影响的基础上对预应力混凝土框架抗火性能进行了试验,着重研究了不均匀温变对结构变形性能的影响及应力和弯矩随时间的变化,但框架经历的最高温度未超过 100℃。2009 年,Ellobody 和 Bailey[25]通过试验研究了后张无黏结预应力混凝土单向板的抗火性能,并以硅质和钙质两种不同的集料类型、板端固定和自由转动两种不同的边界约束作为主要影响参数,对比分析了其对结构抗火性能的影响。结果表明,火灾下硅质集料较钙质集料的板变形大,板端自由转动较板端固定的板变形大。1973 年,Gustaferro[26]总结分析了 18 个足尺后张预应力混凝土梁和板的抗火试验结果,包括有黏结和无黏结预应力筋、轻集料和碳酸盐集料等不同材料类型的梁和板,得到了耐火时间与预应力筋温度之间的变化关系,提出了预应力混凝土结构抗火性能的计算方法,并给出了 1 ~ 4h 的耐火时间下结构保护层厚度和构件最小尺寸的建议值。1968 年,Joseph 等[27]通过试验研究了后张无黏结预应力混凝土板的抗火性能,重点分析了预应力钢筋保护层厚度对构件抗火性能的影响,并考虑了荷载和端部约束情况的影响以及辅助钢筋的作用等问题。国外根据预应力混凝土梁、板等的试验研究成果,已对预应力混凝土结构在火灾作用下的承载能力和极限耐火时间有了较为全面的认识,并制订了预应力混凝土抗火设计规范。1995 年,欧洲规范 EC2[28]为混凝土结构设计规范,规定了火灾下荷载效应与抗力效应取值、火灾下材料性能退化规律和不同耐火时间的最小保护层厚度等,并给出了基于构件分析的简化抗火计算方法和火灾下结构构件混凝土爆裂的简化判别方法。

国内在钢筋混凝土结构抗火方面的研究工作已经取得了长足进步,并相继出台了一系列的抗火相关规范,有《高层民用建筑设计防火规范》(GB 50045—

1995)[29]、《建筑设计防火规范》(GB 50016—2014)[30]、《建筑钢结构防火技术规范》(CECS 200:2006)[31]和《民用建筑热工设计规范》(GB 50176—2016)[32]等。广东省地方标准《建筑混凝土结构耐火设计技术规程》(DBJ/T 15-81—2011)[33]是我国第一部混凝土结构抗火领域的设计标准,收录了近年来混凝土结构抗火研究的主要成果,具体包括材料特性(如普通钢筋、预应力钢筋、结构钢、普通混凝土、高强混凝土、植筋胶、防火隔热材料等)、普通混凝土构件(如梁、柱、板、墙等)、高强混凝土构件(如柱、墙等)、预应力混凝土构件(如梁、柱、板、屋架等)、型钢混凝土构件(如梁、柱等)、加固混凝土构件(如梁、板、施工要求等)等内容。

火灾下桥梁结构整体性能的研究开展较少,且多是结合具体的工程项目,部分学者对桥梁结构在火灾下的设计和加固处理进行了探索性研究。李世安[34]对预应力混凝土箱梁桥的高温位移场进行了多参数非线性模拟分析,分别考虑了不同的受火时间、受火方式、外荷载大小、预应力度、配束率、保护层厚度、截面尺寸、跨径、混凝土强度等级及桥梁体系等多种影响因素,获得了不同参数对箱梁跨中挠度的影响规律,给出了敏感性参数。2013 年,张岗等[35]针对桥梁结构的环境火灾特性,建立了适用于桥梁结构开放空间的环境火灾模型,研究了桥面火灾全程中钢筋混凝土多肋 T 形梁桥的温度分布状况和跨中梁体的空间变形规律,采用数值模拟的方法分析了火灾下预应力混凝土多肋 T 形梁桥的桥面平整度,揭示了多种火灾过程中多梁桥的整体力学特性。

1.2.5 火灾后损伤评估与加固

英国较早地开展了火灾后混凝土结构的损伤评估研究,于 1978 年提出了火灾后结构物损伤评估程序和混凝土构件目测分级表;美国和日本不同程度地沿用英国混凝土学会所提供的混凝土火灾损伤程度的测试方法和目测分级表,见表 1-3。

结构构件受损程度综合评定指标 表 1-3

受损程度	评定指标
一级(轻度损伤)	1. 构件基本无受热挠度; 2. 受损深度 10 ~ 15mm; 3. 结构表面存在少量温度收缩裂缝,但不形成裂缝网; 4. 表面混凝土颜色基本无变化; 5. 混凝土强度在原强度的 90% 以上; 6. 构件剩余承载能力在原承载力的 90% 以上

续上表

受损程度	评定指标
二级 (中度损伤)	1. 结构永久挠度未超过极限允许挠度; 2. 受损深度15~30mm; 3. 结构裂缝0.3~1.0mm; 4. 混凝土强度为原强度的70%~90%; 5. 构件剩余承载能力为原承载力的70%~90%
三级 (重度损伤)	1. 结构永久挠度为极限允许挠度的2~4倍; 2. 有小于1mm穿过构件受压区的垂直裂缝; 3. 受压区局部受损; 4. 形成剪切斜裂缝; 5. 混凝土强度为原强度的50%~70%; 6. 构件剩余承载能力为原承载力的50%~70%
四级 (严重损伤)	1. 结构永久挠度为极限允许挠度的4倍以上; 2. 受拉区有宽度达1.5mm的贯通裂缝或受压区有明显的破坏特征; 3. 混凝土强度小于原强度的50%; 4. 构件剩余承载能力小于原承载力的50%

目前国内关于火灾后混凝土的状况评定有两个标准,分别是上海市在1996年颁布的《火灾后混凝土构件评定标准》(DBJ 08-219—1996)[36]和国家工程建设标准化协会CECS于2009年颁布的《火灾后混凝土构件评定标准》(CECS 252:2009)[37]。规定从承载力、裂缝和变形三个方面对火灾后混凝土构件进行综合评定,并制订了相应的评定等级和标准,将火灾混凝土构件按受损程度分为一级(轻度损伤)、二级(中度损伤)、三级(重度损伤)和四级(严重损伤)4个等级。对于四级损伤结构,建议拆除;对于二、三级损伤结构,需进行加固处理;对于一级损伤结构,仅需重新外表面修复即可。

我国关于桥梁火灾风险评估仍处于空白,正在修编的《公路桥涵养护规范》增加了桥梁火灾防治内容,《公路桥梁加固工程质量检验评定标准》(DB 21/T 2397—2015)增加了桥梁火灾防治加固质量检测评定等[1],但还没有形成系统性的火灾后判断、分析、加固处置方法。目前,可应用于桥梁火灾后检测的方法主要有表观检测法、微观物相分析法、回弹法、超声法、拔出法、钻芯法、恒压钻入法、红外热像法和电化学分析法等。桥梁加固常见的方法主要有置换法、增大截面法、增加钢支撑法、锚喷混凝土加固法、粘贴钢板(筋)法、绕丝法、扁钢网箍加固法、耗能减振装置法、改变结构受力体系法以及粘贴碳纤维布等。火灾后桥梁结构有其特殊性，在进行维修加固时要满足以下基本原则：①加固以不增加结构自重为前提；②要彻底凿除受损的混凝土；③考虑结构的耐久性。

在火灾加固处置案例方面，1997年，Cabrita等[38]分析了两起桥梁施工中木模板起火事故，研究了此类事故中火的作用特点、损伤评估方法和修复方案等。2007年，郑继光等[39]对某4联5×40m连续T形梁桥因桥面油罐车起火造成的梁体受损情况进行了分析，认为主梁结构混凝土受火面积与全桥相比虽然不大，但局部达到了严重损伤级别，在现有技术水平下不可能经修复使桥梁结构恢复到原设计状态，为确保桥梁安全，建议采用将受损边梁及其邻近的次边梁全部拆除重建的修复方案。2015年，刘华等[40]对某5×35m连续箱梁桥在遭受桥下火灾（桥下堆积的土工布起火）后的受损程度进行了评估，并在此基础上做了加固处理，包括修复受损混凝土、增设钢结构横隔板、加固受损翼缘和在底板下表面纵向张拉碳纤维板，加固后各项试验参数均满足原设计和相关规范的要求。

1.3 需要研究的内容

目前对于桥梁灾害，特别是对于常见的过火桥梁检测、评定、加固方案论证、抢修施工与监测还缺乏系统的研究和成功经验，一般认为采用换梁方案可以彻底避免受损桥梁在后期运营中的不确定性，而实际中由于各时期采用的桥梁形式不同，难以做到提前储备梁体，导致换梁时需要按照当时的图纸重新预制或现浇梁体，建造成本高、施工周期长、总体费用高。对于高速公路或交通密集区域的桥梁，火灾事故桥梁引起的断行会导致交通严重堵塞，应对措施不完善会影响桥梁修复效率，桥梁修复周期过长会造成经济与社会效益差。

（1）火灾后桥梁的温度场还原。还原温度场是对桥梁进行热力学与结构力学有限元分析的基础，确定了温度场的作用范围和大小，就可以通过数值模拟分析出火灾对桥梁的损伤程度。确定过程可分为以下步骤：首先进行火灾现场调查和资料收集，划定过火区域；其次通过可燃物的燃烧温度和混凝土颜色的辨识，初判桥面的过火温度，获取火场的初步分布状况，判定材料的受损等级，以便第一时间建立分析模型；然后对受损区域的混凝土和钢筋进行取样，开展火灾后钢筋和混凝土的强度和弹性模量试验，根据温度与强度和弹性模量的对应关系，获取对应位置的过火最大温度，对火场的初步判断结果进行修正，获取准确的温度场分布结果；最后，确定火灾的作用范围和大小，还原出火灾下的温度场分布状况。

(2)火灾后桥梁的快速检测。火灾后桥梁的快速检测是认定桥梁损伤等级的需要,可先进行外观检查,获取裂缝分布状况、挠度变化状况、支座变位状况等检测结果,然后根据现状桥梁的判断结果,在合适的时间开展静力、拟静力、动力试验,评估构件承载力并判定桥梁结构损伤等级。

(3)过火区桥梁的加固方案。相对于梁体整体更换方案的简单、有效、周期长,局部受损梁体的加固难度较大,但速度较快,在桥梁受损等级确定后,可根据桥梁具体的受损部位采用体外预应力等主动加固法、粘贴钢板等被动加固法,并结合施工工期、加固效果、后期影响等因素给出具体的抢修推荐方案。本书提出的置换混凝土加固法+体外预应力既能满足施工工期最短的实际需要,又能保证加固效果,是值得推广的桥面火灾事故处置措施。

(4)桥梁抢修施工。桥梁抢修工程不能采用常规的大型机具大作业面的施工方式,需要尽可能地采用适合局部施工的新技术,比如本书采用的新型水力破除混凝土法具有易于局部操作、对结构无二次损伤、施工效率高、无粉尘等优点。除此之外,桥梁抢修施工需要与设计代表及时沟通和反馈,现场对设计方案进行优化或调整,以解决施工中面临的问题,提高抢修效率。

(5)桥梁火灾过程与抢修施工监测。火灾过程中桥梁有发生坍塌的可能,桥梁抢修过程中桥梁的受力状态不断发生变化,桥梁的过程监测可以提供实时数据,供设计单位和专家团队判断结构的实际内力变化过程,是桥梁抢修的安全保障,桥梁的监测包括应力和位移等常规内容,监测过程需要设置预警阀值,超过预警值时应立即停止施工,待解决问题后方能继续施工。在桥梁恢复通行后仍需要进行一段时间的持续观测,判别桥梁的运营状况是否与理论状况相符。

(6)桥梁抢修模式是提高桥梁抢修效率的保障。桥梁抢修过程除涉及路政、交警等外围协调部门外,建设单位、检测单位、设计单位、施工单位等各方的协调配合更是制约抢修效率的关键因素。比如检测单位与设计单位交接不平顺会造成检测反复进行和影响设计单位进度;设计单位需要依据现有的施工设备和施工材料进行,否则会造成施工无法开展;现场监测需要及时将结果通知建设单位、设计单位、施工单位、监理单位,保证施工与运营过程中的安全,这些都将影响抢修工程的进度。本书在我国现有的法律规制条件下,探索建立以设计单位牵头的 EPC 桥梁抢修模式,以设计施工一体化的形态,减少设计、监测、施工、采购等环节的交叉,提高项目实施效率,同时降低建设单位的管理成本及风险分担。

第2章　火灾后混凝土桥梁的鉴定

火灾后混凝土桥梁的鉴定目标是温度场还原，过程可分为以下步骤：首先进行火灾现场调查和资料收集，划定过火区域；其次通过可燃物的燃烧温度和混凝土颜色的辨识，初判桥面的过火温度，获取火场的初步分布状况，判定材料的受损等级，以便第一时间建立分析模型；然后对受损区域的混凝土和钢筋进行取样，开展火灾后钢筋和混凝土的强度和弹性模量试验，根据温度与强度和弹性模量的对应关系，获取对应位置的过火最大温度，对火场的初步判断结果进行修正，获取准确的温度场分布结果；最后，确定火灾的作用范围和大小，还原出温度场。

火灾对混凝土桥梁的影响主要集中在混凝土、钢材等方面：

(1)对混凝土力学性能的影响。高温会使混凝土内部的结晶水丧失、水泥水化物分解和集料脱水，混凝土内部微观形貌及岩相成分变化必然会导致混凝土力学性能的改变，如混凝土的弹性模量、抗压强度、抗拉强度等都随着温度的升高而逐渐降低[41]。

(2)对钢材力学性能的影响。通过对火灾后钢材金属微观分析[42]，高温会改变钢材内部的组织结构，影响钢材的力学性能。从目前的研究结果来看火灾后试件的屈服强度、极限强度和伸长率均有所下降，冲击韧性有所提高。

(3)对钢材与混凝土之间黏结性能的影响。钢筋与混凝土的黏结性能，随历经温度的增高，其强度明显降低[43]，超过600℃后损失严重。

(4)火灾后混凝土结构耐久性的影响。火灾不仅会对材料的力学性能产生较大的影响，还会对混凝土桥梁的耐久性能产生较大影响。这是因为火灾一方面会对混凝土结构的耐腐蚀性能产生不利影响，另一方面在火灾过程中，会产生大量的侵蚀性物质对混凝土造成损害[44]。

我国工程建设标准化协会制订了针对房屋建筑方面的标准《火灾后建筑结构鉴定标准》(CECS 252:2009)，用以指导火灾后结构的评估工作，然而这项标准主要针对处于密闭空间的建筑结构而言，对于处于敞开空间的桥梁，火损后检测评定没有相应的规范依据，在实际桥梁火灾检测应用中，可根据桥梁结构自身的特点选择性地参考该规范。

2.1 火灾中对桥梁状态的初步判定

2.1.1 火灾分类

《火灾分类》(GB/T 4968—2008)[45]给出的火灾类型包括:

A 类火灾,固体物质火灾。这种物质通常具有有机物性质,一般在燃烧时能产生灼热的余烬。在桥梁上引起的火灾分为两种:一种是车辆载运固体货物发生火灾;另一种是桥梁构件施工时发生火灾。从目前国内外报道来看,桥梁固体物质火灾基本上为第一种情况,即车辆载运固体货物发生火灾[2]。

B 类火灾,液体或可熔化的固体物质火灾。如出于运输经济性考虑,现在工业气体一般液化后进行运输。

C 类火灾,气体火灾。

D 类火灾,金属火灾。如钛、钾、钠、镁、铝镁合金、烷基类、液态金属类等火灾。对于桥梁火灾,主要是由运输车辆运输金属品时导致。

E 类火灾,带电火灾。物体带电燃烧的火灾,可能出现在桥梁的施工阶段,成桥阶段较少遇到(除了闪电)。

F 类火灾,烹饪器具有的烹饪物(如动植物油脂)火灾。该类火灾主要可能引发建筑物的火灾,桥梁上极少遇到。

据统计,经过主要交通干线(如主要桥梁等)的重型货车中 2% 是装有易燃液体的货车,1% 是装载液化石油气的货车,还有部分装载金属品的货车。按照火灾分类,桥梁火灾主要属于 A 类、B 类和 D 类。

2.1.2 防火要求

《建筑设计防火规范》(GB 50016—2014)规定:建筑物的耐火等级由建筑物的使用功能、面积大小、建筑高度、灭火施救难度以及建筑的重要性等各方面因素确定。天桥、跨越房屋的栈桥以及供输送可燃材料、可燃气体和甲、乙、丙类液体的栈桥,均应采用不燃材料。封闭天桥、栈桥与建筑物连接处的门洞以及敷设甲、乙、丙类液体管道的封闭管沟,均宜采取防止火灾蔓延的措施。

公路上的桥梁处于开放空间,桥梁中的建材可燃物少,发生火灾的概率较房屋建筑低,同时大部分位于非人口密集区,对于人员疏散、采用较低的设计防火等级是合理的,因此公路桥梁火灾主要侧重于事后处理。

2.1.3 火灾过程记录

目前针对桥梁火灾的研究大都集中在事后处置,对于火灾过程对桥梁的影响研究较少,相比火灾后的处置,火灾中的研究对于现场人员要求高,需要对火情、桥梁均有较为深入的研究。火灾后桥梁的状态可分为轻度损伤、中度损伤、重度损伤、梁体结构倒塌,对于轻度损伤简单处置即可恢复桥梁的承载能力,对于中度损伤需要进行一定的修补,对于重度损伤应进行梁体的系统性加固,对于倒塌桥梁需要结构重置,不管哪种状态,这种处置是可以按相应的模式和标准开展的。而火灾中对桥梁的初步判定是为了在火灾发生过程中对桥梁的状态进行即时判断,对桥梁下一步的状态进行预判,对火灾后的抢修方案不断修正,以对桥梁现场每时每刻做出应对。

采用仪器对火灾中桥梁的状态判断难度较大,由于火灾对周边空气产生扰动,非接触式观测装置的观测精度不易保证,而接触式传感装置难以安装,现场主要依据火情、灭火方式、灭火过程、可燃物或泄漏物对梁体可能的损伤等方面进行定性综合判断。

(1)过火时间和位置。火灾持续时间对桥梁的影响较大,除了主体结构外,对附属结构如支座、伸缩缝等构件影响更大,可能造成不可逆转的损伤,现场需要对过火时间和位置进行详细记录,有利于灭火后的快速鉴定。

(2)灭火过程。采用水冷方式进行灭火时,混凝土桥梁面临温度急速降低的过程,会对混凝土强度和钢筋强度造成影响;采用泡沫、砂土等方式进行灭火时,温度降低方式较为缓慢,对于钢筋影响相对较小,但可能增加桥梁的自重荷载。由于采用何种灭火方式取决于消防部门,现场监测人员需要及时对灭火过程进行影像或文字记录。

(3)次生灾害。桥梁火灾后可能出现梁板倒塌而引发撞击;火灾过程中可能导致其他交通事故;桥梁起火对周边建筑和地面等可能造成影响,这些都需要现场及时判定是否有次生灾害发生的可能,并对消防人员提出相关建议。

2.2 火灾后桥梁的鉴定

火灾后桥梁的鉴定根据需要可以分为初步鉴定和详细鉴定两个阶段。两个阶段所评估的内容不同,评估的目的也不尽相同。

2.2.1　初步鉴定

初步鉴定应包括下列内容：

(1)现场初步调查。现场勘察火灾残留状况；观察结构损伤严重程度；了解火灾过程；制订检测方案。

(2)火作用调查。根据火灾过程、火灾残留物状况，初步判断结构所受的温度范围和作用时间。

(3)查阅分析文件资料。查阅火灾报告、结构设计和竣工资料等，并进行核实，对结构所能承受火灾作用的能力做出初步判断。

(4)构件与初步鉴定评级。根据结构构件损伤状况特征，依据规范条文进行结构构件的初步鉴定评级。

2.2.2　详细鉴定

详细鉴定应包括下列内容：

(1)火作用详细调查与检测分析。根据火灾荷载密度、可燃物特性、燃烧环境、燃烧条件、燃烧规律，分析区域火灾温度—时间曲线，并与初步判断相结合，提出用于详细检测鉴定的各区域火灾温度—时间曲线，也可根据材料微观特征判断受火温度。

(2)结构构件专项检测分析。根据详细鉴定的需要，开展受火与未受火结构的材质性能、结构变形、节点连接、结构构件承载能力等专项检测分析。

(3)结构分析与构件校核。根据受火结构的材质特性、几何参数、受力特征进行结构分析计算和构件校核分析，确保结构的安全性和可靠性。

(4)构件详细鉴定评级。对构件的损伤状况进行判断，按照桥梁相应的评定标准给出鉴定类别，编制详细的检测鉴定报告。

2.2.3　调查和检测

火灾后桥梁调查与检测包括火灾影响区域调查与确定、火场温度过程及温度分布推定、结构内部温度推定、结构现状检测与检查。

(1)火灾影响区域调查与确定。火灾对结构的作用温度、持续时间及分布范围应根据火灾调查、结构表观状况、火场残留物状况及可燃物特性、通风条件、灭火过程等综合分析判断，对于重要烧损结构应有结构材料微观分析结果推断。

(2)火场温度过程及温度分布推定。火场温度过程可根据火荷载密度、可燃物特性、受火材料的热传导特性、通风条件及灭火过程等按燃烧规律推断。必要时可采用模拟燃烧试验确定。

(3)构件表面曾经达到的温度及作用范围可根据火场残留物熔化、变形、燃烧、烧损程度等进行推断。

(4)火灾后结构构件内部截面曾经达到的温度可根据火场温度过程、构件受火状况及构件材料特性按热传导规律推断。

(5)火灾中直接受火烧灼的混凝土结构构件表面曾达到的温度及范围可根据混凝土表面颜色、裂损剥落、锤击反应等确定,具体方法可以参照表2-1。

混凝土表面颜色、裂损剥落、锤击反应与温度的关系 表2-1

温度(℃)	<200	300~500	500~700	700~800	>800
颜色	灰青,近似正常	浅灰,略显粉色	浅灰色,显浅红	灰白,显浅黄	浅黄色
爆裂、剥落	无	局部粉刷层	角部混凝土	大面积	酥松、大面积剥落
开裂	无	微细裂缝	角部出现裂缝	较多裂缝	贯穿裂缝
锤击反应	声音响亮,表面无痕迹	较响亮,表面留下较明显痕迹	声音较闷,混凝土粉碎和塌落	声音发闷,混凝土粉碎和塌落	声音发哑,混凝土严重脱落

(6)火灾后混凝土结构构件内部截面曾经达到的最高温度,可根据《火灾后建筑结构鉴定标准》(CECS 252:2009)确定。

(7)结构现状检测应包括下列全部或部分内容:结构烧灼损伤状态检查;温度作用损伤或损坏检查;结构材料性能检测。

对直接暴露于火焰的结构构件,应全部检查烧灼损伤部位。对于一般构件可采用外观目测、锤击回声、探针、开挖探槽(孔)等手段检查;对于重要结构构件或连接,必要时可通过材料微观结构分析判断。

对于承受温度应力作用的结构构件及连接节点,应检查应变、裂损状况;对于不便观察、难以发现问题的结构构件,可辅以温度作用应力分析判断。

火灾后的材料性能可能发生明显改变时,应通过抽样检验或模拟试验确定材料性能指标;对于烧灼程度特征明显,材料性能对建筑物结构性能影响较低的部分,可根据温度场推定结构材料的性能指标,并宜通过现场取样检验修正。

2.2.4 火灾结构分析与构件校核

火灾结构分析应包括下列内容:

(1)火灾过程中的结构分析,应针对不同的结构和构件(包括节点连接),考虑火灾过程中最不利温度条件和结构实际荷载组合,校核结构分析与构件。

(2)火灾后的结构分析,应考虑火灾后结构残余状态的材料力学性能、连接状态、结构几何形状变化和构件的变形及损伤等进行结构分析与构件校核。

(3)火灾后结构构件的抗力,在考虑火灾作用对结构材料性能、结构受力性能的不利影响后,按照现行设计规范和标准的规定进行验算分析;对于烧灼严重、变形明显等损伤严重的结构构件,必要时应采用更精确的计算模型进行分析;对于重要的结构构件,宜通过试验检验分析确定。

2.2.5 火灾后结构构件鉴定等级

火灾后结构构件的鉴定评级分为初步鉴定评级和详细鉴定评级。

1)初步鉴定评级

Ⅱ_a级——轻微或未直接遭受烧灼作用。结构材料及结构性能未受或仅受轻微影响,可不采取措施或仅采取提高耐久性的措施。

Ⅱ_b级——轻度灼伤。未对结构材料及结构性能产生明显影响,尚不影响结构安全,应采取提高耐久性或局部处理和外观修复措施。

Ⅲ——中度烧灼尚未破坏。显著影响结构材料或结构性能,明显变形或开裂,对结构安全或正常使用产生不利影响,应采取加固或局部更换措施。

Ⅳ——破坏。火灾中或火灾后结构倒塌或构件塌落;结构严重烧灼损坏、变形损坏或开裂损坏,结构承载能力丧失或大部丧失,危及结构安全,必须立即采取安全支护、彻底加固或拆除更换措施。

2)详细鉴定评级

b级:基本符合国家现行标准下限水平要求,尚不影响安全,尚可正常使用,宜采取适当措施。

c级:不符合国家现行标准要求,在目标使用年限内影响安全和正常使用,应采取措施。

d级:严重不符合国家现行标准要求,严重影响安全,必须及时或立即加固或拆除。

2.3 火灾后桥梁结构检测

火灾后桥梁的检测评估应结合外观调查与现场检测,全面检查桥梁各构件的受损情况,判断桥梁是否会发生断裂、坍塌及局部失稳,并采取必要的临时支护措施,确保桥梁安全。就目前而言,火灾后桥梁的损伤检测评估研究并不充分,尚未形成一套完整系统的检测评估方法,因此在实际操作中只能借鉴建筑结构的评估方法,同时根据桥梁结构的具体情况做出必要的调整。图 2-1 中列出了桥梁结构火灾后的检测流程。

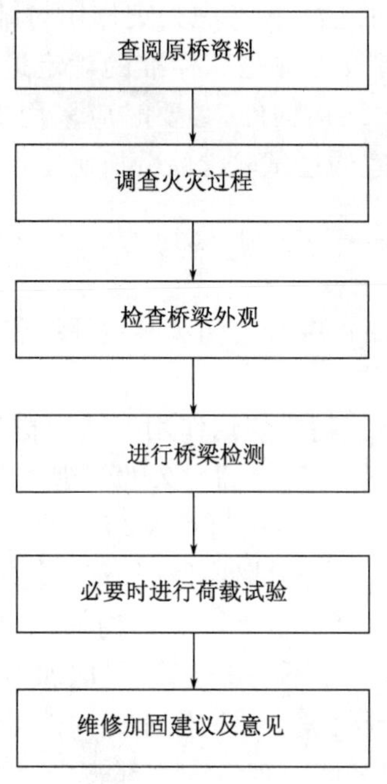

图 2-1　混凝土桥梁火灾后的检测流程

下面针对每个步骤进行详细说明。

(1)查阅原桥资料。在对桥梁进行评估之前,需收集原桥梁设计施工图或竣工图、原桥历次加固施工图、竣工图、监理报告、日常检查、定期检查、特殊检查及荷载试验报告,了解火灾前桥梁的设计参数和养护状况。

(2)调查火灾过程。火灾调查应对火灾起因和部位、燃烧物性质(燃烧特别是剧烈燃烧)特征持续时间、火灾扑救过程等进行详细调查,这些调查对评估桥梁过火后的安全性以及耐久性非常重要。

(3)检查桥梁外观。桥梁外观检查应测量过火部位的面积、划分结构烧灼损伤等级、绘制火灾区域及颜色等,通过外观检查可以直观地了解桥梁的受损范围以及受损程度,为下一步进行详细桥梁检测做好准备。

(4)进行桥梁检测。在桥梁进行外观检查后,需推定火场和结构内部温度分布情况,推定过火部位混凝土性能状况、普通钢筋和预应力钢筋的强度损失、钢筋与混凝土黏结力的损失、钢筋及混凝土两者弹性模量的变化。

2.4 工程实例

2.4.1 背景工程概述

京港澳高速公路刘江黄河特大桥位于郑州市与新乡市交界处，是京港澳高速公路跨越黄河的咽喉工程。全桥布置从北到南为1联（5跨35m预应力混凝土T形梁）+16联（7跨35m预应力混凝土T形梁）+2联（5跨35m预应力混凝土T形梁）+13联（5跨50m预应力混凝土T形梁）+4联（4跨50m预应力混凝土T形梁）+4联（2跨100m下承式钢管混凝土系杆拱）+3联（9跨20m预应力混凝土空心板），全桥全长9 848.16m。

引桥的下部结构0号桥台为双肋板式桥台，钻孔灌注桩基础，桥台桩基桩径为2m，桩长为65m。桥墩均为单排双柱式墩身，桥墩高度为5~8.5m，墩身直径为1.8m，墩柱长度为7m以上时，墩顶设置系梁，基础采用钻孔灌注桩基础，桩基直径为2m，桩长为60m。支座采用板式橡胶支座，型号为250mm×500mm×47mm、250mm×500mm×64mm、250mm×500mm×57mm三种。桥台及连接墩处设XFⅡ-80C型伸缩装置。

T形梁顶桥面铺装等厚，桥面横坡由桩柱高度结合T形梁翼缘调整。铺装层采用6cm防水混凝土+5cm中粒式沥青混凝土+4cm中粒式沥青混凝土面层，桥面简易连续。

其他技术指标如下。

（1）道路等级：高速公路。

（2）设计荷载：汽车-超20级，挂车-120级。

（3）设计洪水流量：$Q_{1/300}=18\ 700\text{m}^3/\text{s}$。

（4）桥位区地震基本烈度为Ⅶ度，采用Ⅷ度设防。

2016年2月28日21:50左右，京港澳高速公路刘江黄河特大桥西半幅第11跨处（K642+150，跨数从北向南为1号），两辆大货车发生追尾事故，引发其中一辆大货车着火，因事故车辆装载的是镁铝粉（属于D类火灾），加之严重拥堵，导致灭火难度大，现场首先采用了砂土等进行覆盖，如[图2-2a)]所示，表面上的火情受到控制，但内部温度较高，一旦暴露于空气，铝镁粉将再次燃烧，最终采取挖掘机抛洒[图2-2b)]等方式才得以在3月1日00:40分将大火扑灭，火源在桥面燃烧长达27h。图2-3示出了桥面过火后的情况。

在3月1日5:50，过火区域沥青混凝土清理后，检测单位马上对桥梁表面温度进行测量,此时T形梁的连接钢板温度为123℃,混凝土表面温度为103℃,已经具备了进行全面检测的条件。检测采用外观检查配合专用仪器的方法,即采用目检对梁体受损情况进行检测,并采用回弹、取芯等方法对混凝土强度进行评定。在检测过程中主要完成的检测项目有:表观损伤检查结果;混凝土强度;钢筋强度检测;梁体其他病害。

a)砂土覆盖后的状况

b)清理金属可燃物

图2-2　灭火过程现场

图2-3　火灾后现场

2.4.2　表观损伤检查

现场桥面共有两个过火区域,过火区域一位于第11跨,面积近似为231.8m^2;过火区域二位于第10跨,面积近似为29.01m^2。区域一为燃烧的火源位置,而区域二主要为现场清理燃烧物过程中所散落的零星火源。现场检测到区域一范围内桥面沥青铺装层软化变形、局部铺装层混凝土松散破碎,钢筋外露,T形梁翼缘板混凝土破损形成空洞;区域二范围内桥面沥青铺装层软化变形。

受损桥面沥青混凝土清理完毕之后,过火区域的混凝土颜色如图2-4、图2-5所示,其中图2-4为平面上混凝土过火后颜色的变化情况,图2-5为推断的混凝土表面曾经达到的温度,从中可以看出过火区域混凝土表面温度推定为700~800℃,局部区域高于800℃。

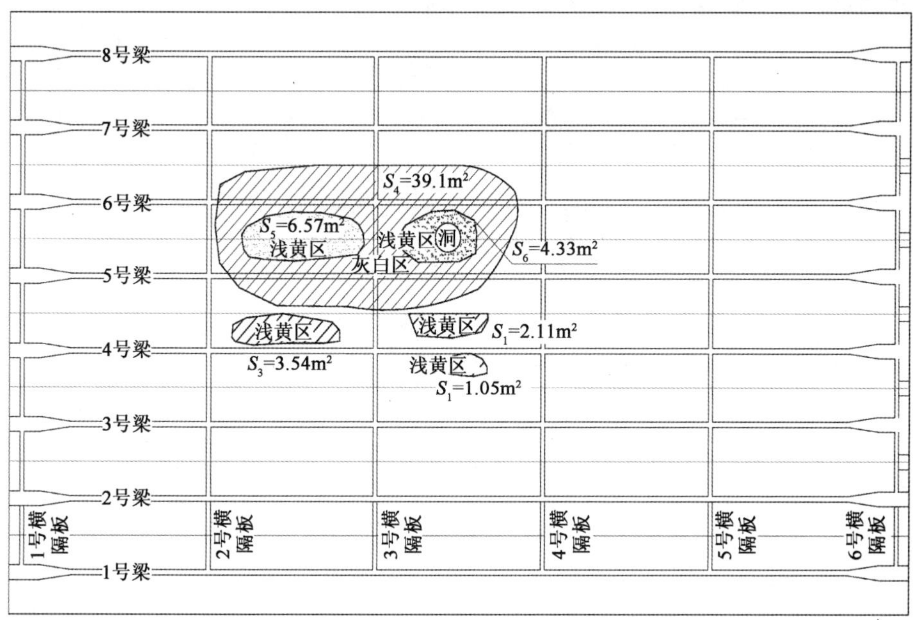

图 2-4　过火区域示意图

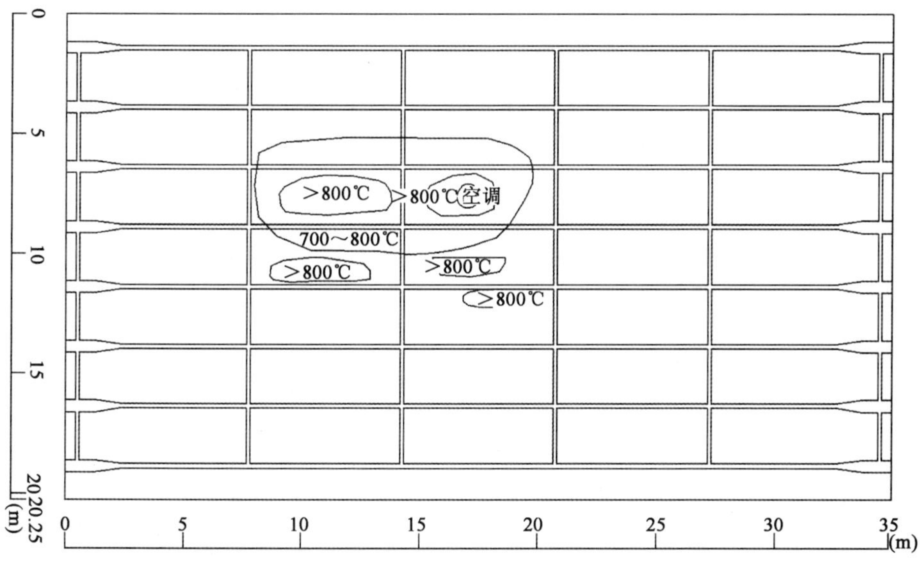

图 2-5　混凝土表面曾经达到的温度

图 2-6 为 4 ~6 号梁腹板上的混凝土颜色变化情况，从图中可以推断出 6 号

梁受损最为严重，腹板表面曾经受到超过 800℃的高温。

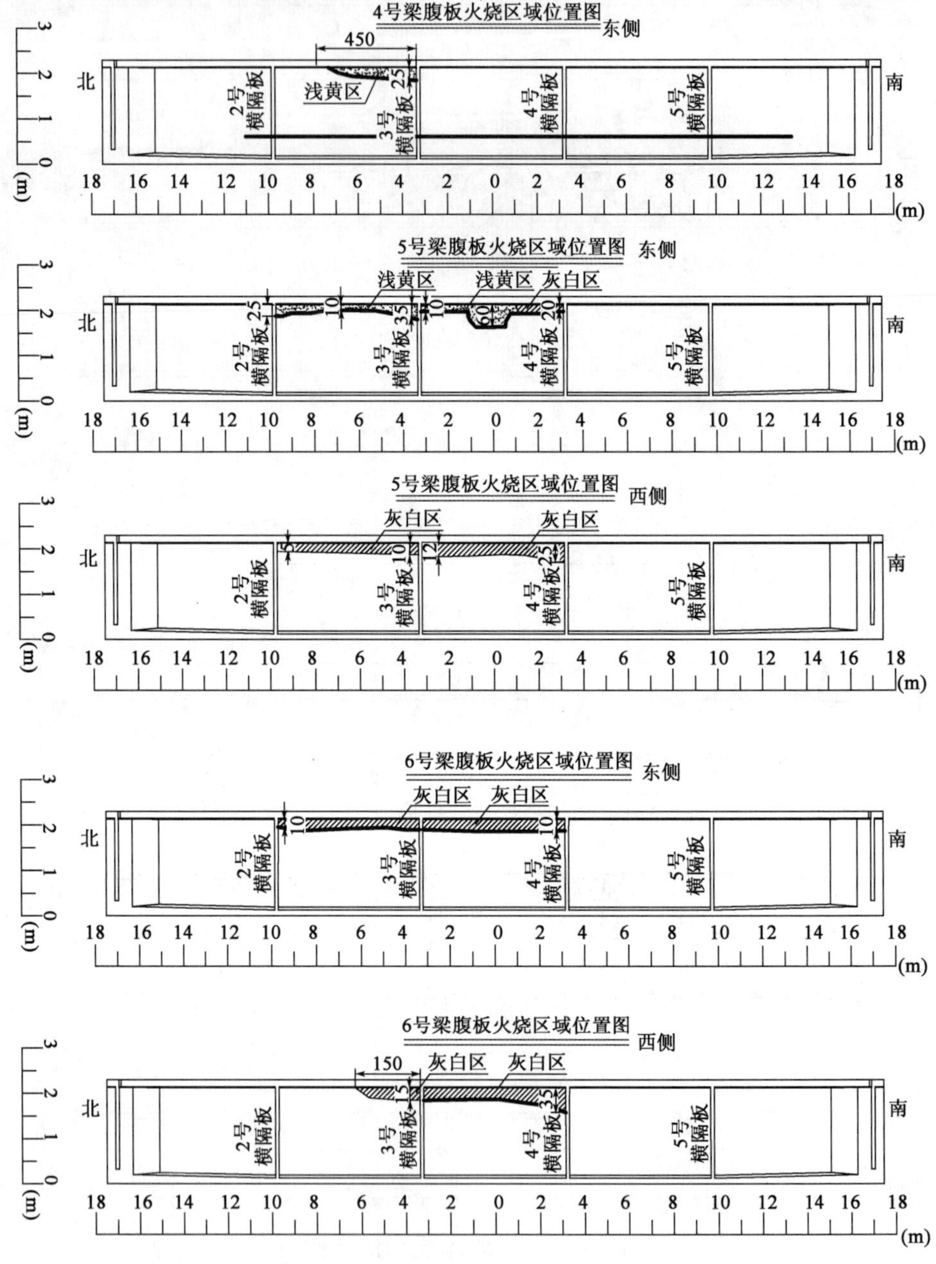

图 2-6　腹板过火区域及颜色示意图(尺寸单位:m)

2.4.3　混凝土强度检测

在现场检测中,实际取得有效芯样 24 个,混凝土芯样磨平后发现,过火位置混凝土芯样表面存在裂隙,未受火部位混凝土芯样未发现表面裂隙。未过火区域混凝土强度基本介于 50.60 ~ 64.93MPa 之间,过火区域混凝土强度基本介于 18.16 ~ 62.49MPa 之间,表明高温使混凝土强度降低明显。

2.4.4　过火后钢筋强度检测

在现场对梁体内钢筋进行取样后,送至室内实验室对未受火钢筋与受火钢筋进行抗拉强度对比试验。试验结果:未受火钢筋屈服强度 290MPa、极限抗拉强度 410MPa,受火钢筋屈服强度 177MPa、极限抗拉强度 330MPa。主要原因是灭火过程中采用水冷进行了降温处置,导致钢筋出现非自然状态降温,强度损失明显,受火钢筋抗拉强度损失较大。

2.4.5　检测结论

对检测结果进行分析后,可以得出如下结论:

(1)外观检测过火的混凝土核心区为浅黄色,混凝土钻芯强度最小为 18.16MPa,两者相互印证,表明核心区温度达到 800℃以上,估计核心区温度为 1 000℃左右。

(2)外观检测混凝土次核心区为浅白与浅灰白色,混凝土钻芯强度与之相对应,表明次核心区温度达到 500 ~ 800℃。

(3)过火核心区钢筋屈服强度明显降低,主要是灭火过程后期采用水冷进行了救火车辆的降温处置,导致钢筋出现非自然状态降温,强度损失明显。

(4)腹板局部出现损伤是由于翼缘空洞位置可燃物从空洞中落下导致,检测结果表明由于腹板距离火源相对较远,故损伤程度相对较小。

(5)接近火源位置混凝土强度与外观均受到影响。

(6)可燃物腐蚀性相对较小,对梁体混凝土及钢筋影响小。

(7)火灾未对支座、伸缩缝等附属构件造成损伤,主体结构跨中区域顶部的钢筋混凝土损伤严重,预应力钢绞线未受到影响,属于桥面火灾的典型病害特征。

第3章　火灾下混凝土桥梁的温度效应分析

在火灾或高温作用下,钢筋混凝土结构的材料强度显著下降、变形明显增大,而且结构构件体积膨胀、截面的温度分布不均匀使截面产生自平衡的温度应力和构件弯曲变形。对于超静定体系将发生剧烈的内力重分布,甚至改变结构的破坏形式和极限荷载[46]。根据已有的试验和分析:钢筋混凝土结构的内力和变形状态一般不影响结构的热传导过程和温度场的变化。因此,温度效应的分析可独立于结构的力学分析,并且多数情况下可以先进行结构的温度场分析,然后进行高温下的结构性能分析。进行钢筋混凝土结构抗火性能理论分析,需分析结构的温度场,为了计算温度场需先计算出建筑结构表面温度,根据结构表面温度计算构件内部温度分布,根据构件内部温度分布计算温度应力和温度变形,确定火灾对构件材料物理力学性能的影响。

3.1　混凝土结构火灾的基本特性

火灾促使混凝土构件温度升高,形成构件由外向内的热传导过程,火灾下钢筋混凝土构件截面上的温度分布是随时间而发生变化的。实际火灾发生时,火场热量首先通过辐射、对流和空气传导方式向混凝土构件的迎火面传递热量,然后再通过混凝土和钢筋的热传导向构件内部传递。更为复杂的是,钢材和混凝土材料的导热系数、比热、热膨胀系数等热工参数不是一个常数,会随火灾高温的影响成为温度的关系函数。所以在确定构件的内部温度场之前,要先弄清以上各个环节的影响因素及规律特性。火灾的温度场是一个复杂的物理化学过程,它包含湍流流动及混合、传热和传质、热解和各种化学反应等分过程和它们的交互作用。在这些复杂的火灾过程中,传热起着关键作用,包括辐射传热、对流传热和热传导。火灾发生时,混凝土结构周围会形成一个热气流层,随着火势的发展,其温度会急剧上升。通过对流传热和辐射传热过程,热气流层的热量会向结构表面传递,结构表面温度上升的同时也会向结构内部传递热量。随着外部火场分布和温度的变化,以及结构材料热工参数因温度升高而产生变化,结构内部逐渐形成一种瞬态的温度场。火场气体温度变化规律是进行结构耐火性能分析,以及灾后损伤评估与加固方案制订的重要基础。要准确计算构件内部的温度场分布，必须先了解火灾温度场的特性，即火场发展规律、火灾的模型化研究和火场空气温度—时间历程。火灾的发展过程主要与以下几个因素有关：结构物的几何形状、通风状况，可燃材料的性质、数量、分布，材料的吸热、传热性能等影响燃烧过程的参数。火灾的发展过程可分成三个阶段，即初期、旺盛期和衰减期，其中旺盛期的持续时间和达到的最高温度对结构的火灾损伤影响最大，如图 3-1 所示。

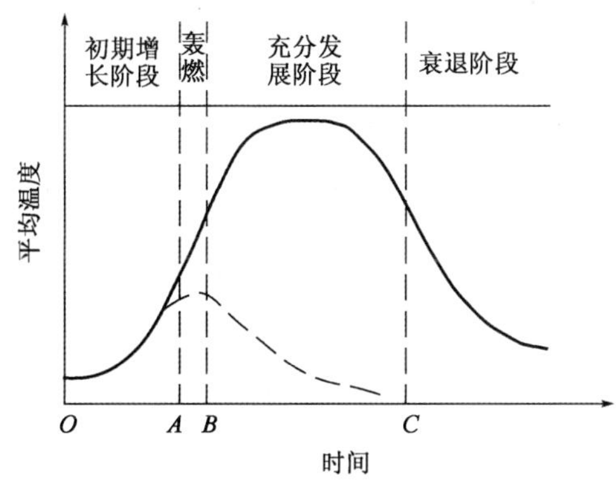

图 3-1　火灾发展过程主要阶段

为了全面了解火灾过程和求解相关的状态方程，要建立反映火灾发生时空气温度分布及其随时间变化的数学模型。火灾数学模型一般分为两类：随机性模型和确定性模型。在确定性模型这个范畴内，火灾的计算机模拟又分为三个层次：物理模拟、半物理模拟和经验模拟[47]。

(1)物理模型也即场模拟，场模型是以化学流体力学基本理论为基础，从质量守恒定律(连续方程)、动量守恒定律(Navier-Stokes 方程)、能量守恒定律(能量方程)及化学反应的定律(组分方程)出发，对所研究的空间进行离散，利用微分方程控制火灾过程，通过求得微分方程组的数值解来得出火灾各时刻的状态参数(如温度、速度、组分浓度的大小等)在空间中的分布。

(2)半物理模型的典型是区域模拟模型，它把要研究的空间划分为不同的控制面积，采取半物理方法给出半经验公式，即在引入经验数据或公式的基础上对常微分方程组求解数值解获得火灾过程参数。如比较理想的双区域模型，双区域即上面相对较热的烟气层和下面相对较冷的空气层，并假定区域分层高度各处一致，区域分层内部各参数(包括温度、压力、密度、烟气浓度等)也均匀一致。

(3)经验模拟通过分析实际火灾的统计资料和试验数据，可归纳出火灾的空气升温过程模型。极大地简化了火灾时空气温度的分布及其随时间的变化规律,适合实际的工程应用。

3.2 混凝土迎火表面的温度

由于燃烧过程的复杂性和影响因素的随机性,使得利用场模型或区域模型来准确计算火灾过程中的温度场存在一定难度,所以学者们提出了一些经验模型。在进行混凝土结构的抗火设计时,通常采用基于经验模型归纳总结出的经验公式或标准升温曲线。下面介绍几种常用的火灾模型经验公式。

(1)美国土木工程师协会(ASCE)编撰的《防火手册》[48]给出了一个确定建筑室内发生火灾时的空气平均温度变化公式。

升温段:

$$T_g = 250(10\eta)^{0.1/0.3\eta} e^{-\eta t/30}[3(1-e^{-0.01t}) - (1-e^{-0.05t}) + 4(1-e^{-0.02t})] + C\left(\frac{600}{\eta}\right)^{0.5} \tag{3-1a}$$

降温段:

$$T_g = -600\left(\frac{T}{\tau} - 1\right) + T_r \tag{3-1b}$$

(2)吴波、马忠诚公式[49]。

吴波、马忠诚对二十世纪七八十年代几次比较大的火灾试验数据进行了统计分析,提出了防火分区内火灾全盛期升温过程的温度—时间公式:

$$\frac{T_g - T_0}{T_{gm} - T_0} = \left[\frac{t}{t_m}\exp\left(1 - \frac{t}{t_m}\right)\right]^b \tag{3-2}$$

(3)通过对 Magnusson 和 Thelandersson 得出的瑞典曲线[50]进行近似模拟,欧洲规范(EUROCODE)[51]也给出了近似公式,这种参数模型与火灾荷载、开口因子以及建筑围护材料的热物性参数等有关。相同参数条件下,这几种经验模型的对比图,如图 3-2 所示。

火灾的发展将经历初期、全面发展和熄灭三个阶段,且影响室内空气温度—时间曲线的因素众多,准确预判火灾发展过程中的温度—时间曲线是不可能的。同时为了统一各国建筑结构抗火试验研究的标准,增强数据的可比性,许多国家的研究机构纷纷制订了标准升温曲线,如美国、英国、瑞士、日本、加拿大等都制订了标准的室内火灾升温曲线。这些曲线的趋势形状比较接近,都是明显的单调升温过程,如 ISO834[52]、ASTM-E119[53]和 CAN4-S101[54]升温曲线,参数方程分别如下:

ISO834

$$T = T_0 + 345\lg(8t+1) \tag{3-3}$$

ASTM-E119

$$T = T_0 + 1\,166 - 532e^{-0.01t} + 186e^{-0.05t} - 820e^{-0.2t} \tag{3-4}$$

CAN4-S101

$$T = T_0 + 750\left(1 - e^{-3.795\,53\sqrt{\frac{t}{60}}}\right) + 170.41\sqrt{\frac{t}{60}} \tag{3-5}$$

上述式中：t——时间，min；

T——t 时刻平均温度，℃；

T_0——初始温度，℃。

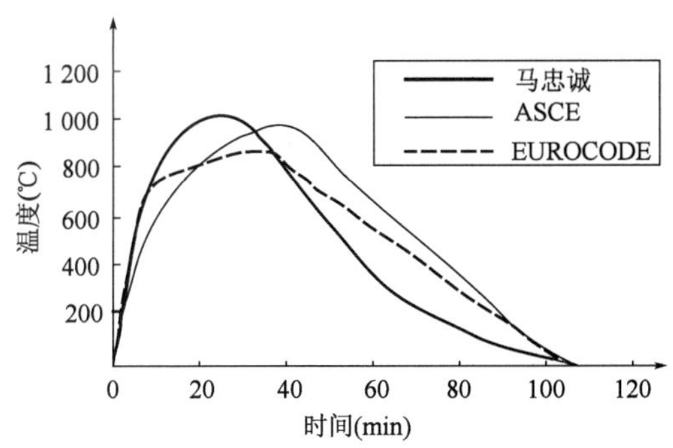

图 3-2　几种参数化模型曲线比较

我国通常采用国际标准化组织（ISO）制订的 ISO834 标准升温曲线，美国和加拿大则采用 ASTM-E119 标准升温曲线，北美其他国家采用 CAN4-S101 设计规程。这三种标准升温曲线在不同时刻温度的测量方法和试验模型的构造也不尽相同。经研究发现，ASTM-E119 标准比 ISO834 标准所规定的火势略猛烈，但整体趋势仍趋于一致，几种曲线的对比如图 3-3 所示。

标准升温曲线有利于抗火计算研究，但其反映的火场温度与真实火灾还是有所不同的。1996 年 Butcher[55] 等人在带有门窗的真实房间内进行了不同级别火灾荷载和不同开口因子条件下的火灾试验。如图 3-4 所示，各图例标识中括号外数字代表火灾荷载（kg/m^2），括号内数字代表开口因子（%）。与标准曲线相比，实际火灾曲线普遍存在衰减阶段，与火灾荷载和室内开口因子关系密切。

规范提出了等效曝火时间的概念，来协调标准升温曲线反映真实火灾与构件破坏程度实用性间的矛盾。真实火灾在时间 t 内对构件的破坏效应，与标准火灾在等效曝火时间 t_e 内对此构件产生的破坏效应相同。

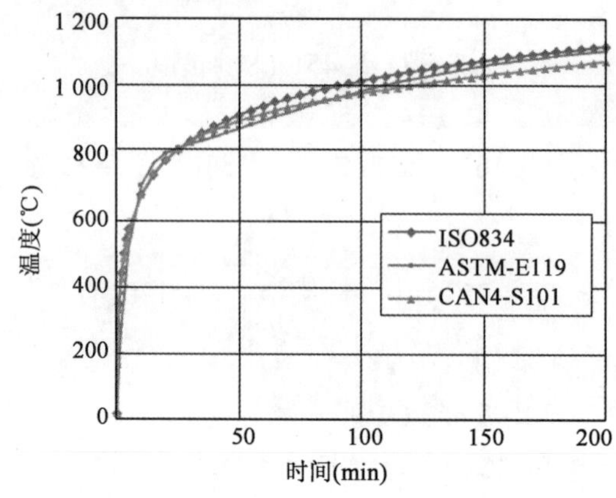

图 3-3　三种标准火灾升温曲线对比

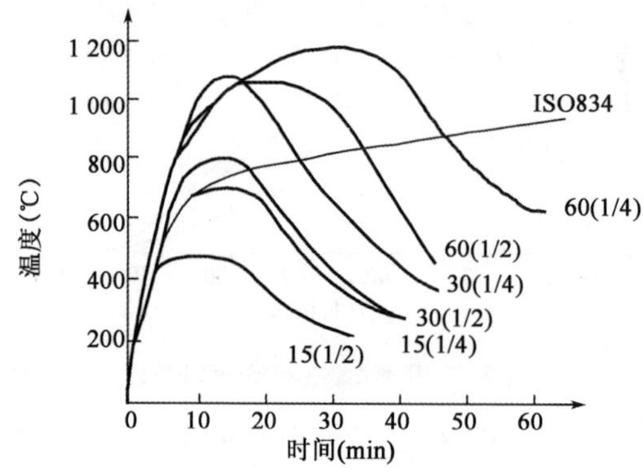

图 3-4　标准火灾与实际室内火灾曲线对比

从图 3-4 中可以看出,火灾荷载越大,开口因子越小,由其引发的温度便越低。桥梁结构一般可视为室外建筑,其开口因子大于 1/2,对于火灾荷载为 60kg/m^{2}的情况,结合图 3-4 的趋势,其最大温度值应为 900 ~ 1 000℃。

我国工程建设协会标准《火灾后建筑结构鉴定标准》(CECS 252:2009)[37]中,给出了图 3-5 所示的不同板厚的混凝土板在迎火灾后的温度场分布情况。从图 3-5 可以看出,当迎火 30min 时,板迎火面的温度会达到 900℃左右,并且随着迎火时间的增长,板迎火面的温度还会有微幅的上升。

俞博、叶见曙等[11]对空心板迎火灾作用的温度场进行了研究,得到图 3-6 所示温度—时间图,从图中可看出混凝土迎火表面的温度最高会升至 1 000℃左右。王卫华[56]采用有限元法对迎火混凝土板进行了有限元分析,并与试验数据进行了对比。图 3-7 示出了有限元分析与试验数据的对比情况,从图中可看出混凝土表面温度达到了900℃左右，并且随着火灾的持续，其表面温度还会微幅上升。

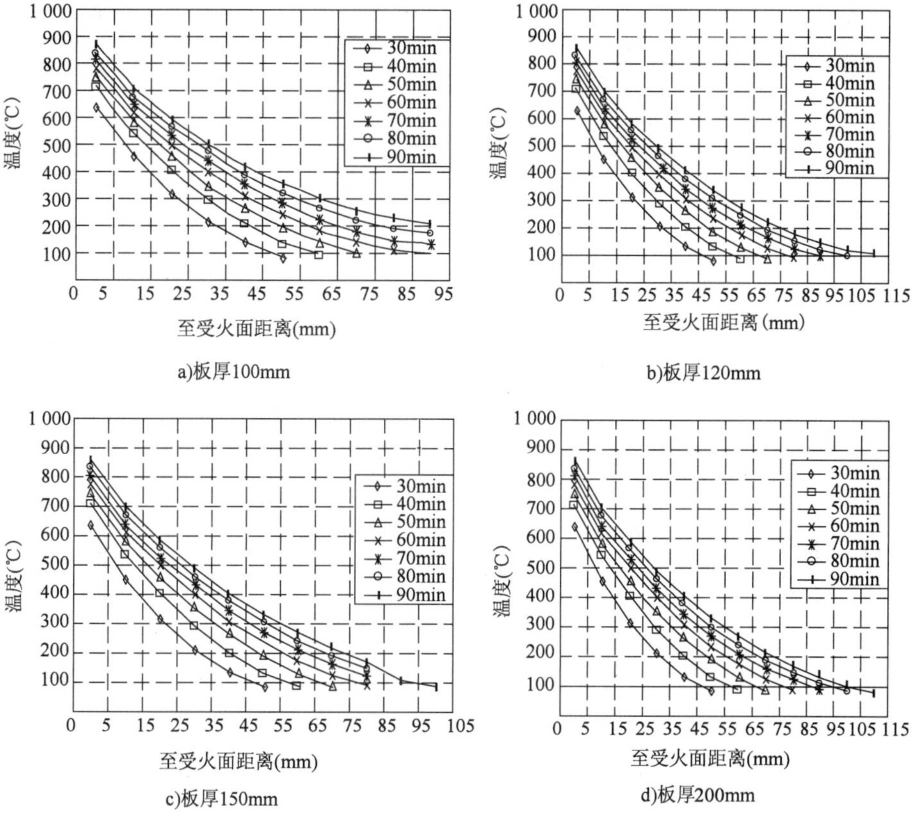

a)板厚100mm

b)板厚120mm

c)板厚150mm

d)板厚200mm

图3-5 混凝土板迎火温度场

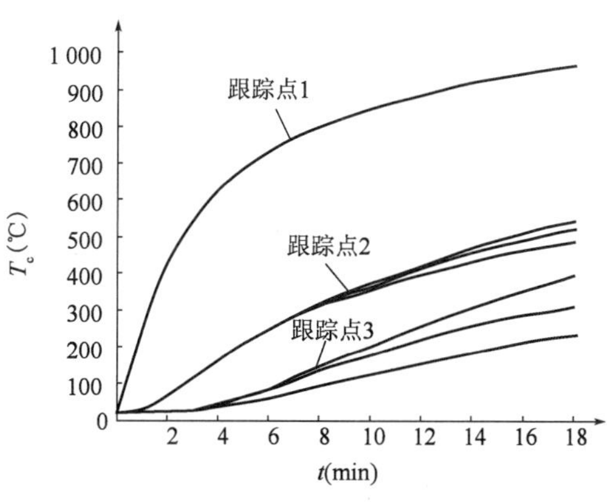

图3-6 温度比较图

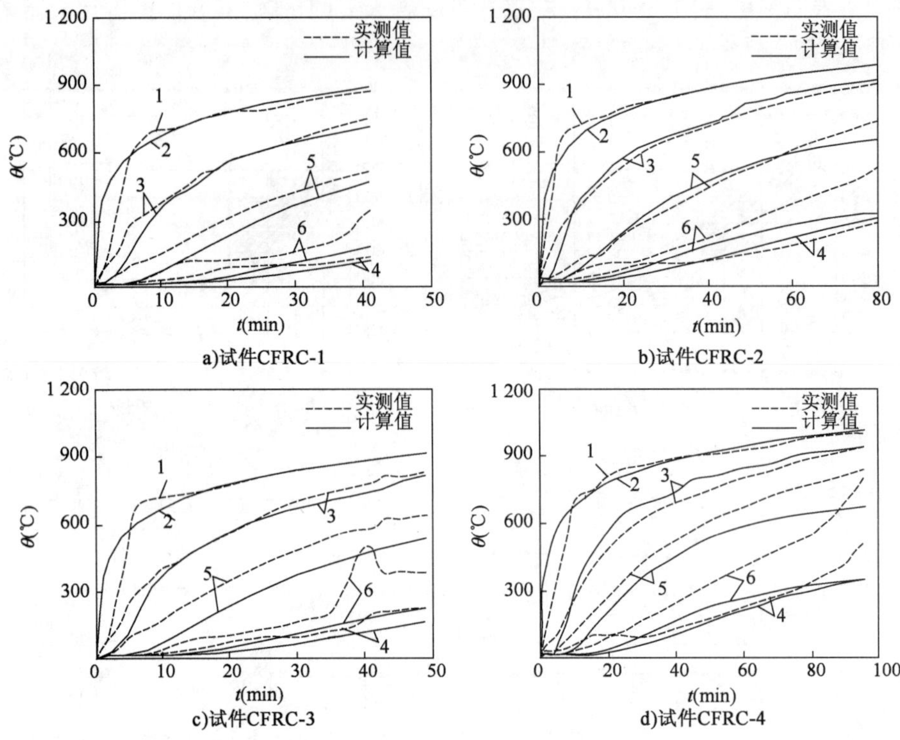

a)试件CFRC-1　b)试件CFRC-2　c)试件CFRC-3　d)试件CFRC-4

图3-7　实测温度—迎火时间曲线与有限元计算结果对比

1-炉温曲线;2-ISO834;3-测点1;4-测点2;5-测点3;6-测点4

综上所述,钢筋混凝土桥面板受持续火灾(持续时间大于120min),其表面温度将会先升高,然后稳定于某一最高温度值。对于混凝土板火灾后的质量评定与加固设计,可取1 000℃作为钢筋混凝土板迎火面的最高温度值。

3.3　混凝土内部温度传递

温度场随时间发生变化的传热过程称为非稳态传热,按照其过程进行的特点,分为周期性传热和非周期性传热。在周期性传热过程中,导热物体的温度以一定的规律随时间周期性地变化,如自然界大地表层土壤在一昼夜和一年四季中,它的温度场都是呈周期变化的。而在非周期性的传热过程中,物体内的温度随时间不断地升高或者降低,并在经历相当长的时间后,逐渐趋于周围介质的温度而最终达到平衡,这类传热过程也称为瞬态传热。稳态传热用于分析稳定的热荷载对系统部件的影响。通常在进行瞬态分析以前,进行稳态热分析用于确定初始温度分布，也可以在所有瞬态效应消失后，将稳态分析作为瞬态热分析的最后一步进行分析。下面通过热能传递方式、热传导系数、空气对流换热系数和边界条件等方面进行论述。

3.3.1 混凝土梁的热能传递方式

热能的传递有三种基本方式：热传导、热对流与热辐射[57]。

1）热传导

热传导是指物体各部分之间不发生相对位移，依靠分子、原子及自由电子等微观粒子的热运动而产生的热能传导。例如，固体内部热量从温度较高的部分传递到温度较低的部分，以及温度较高的固体把热量传递给与之接触的温度较低的另一固体都是导热现象。

2）热对流

热对流是指由于流体的宏观运动而引起的流体各部分之间发生的相对位移，冷、热流体相互掺混所导致的热量传递过程。热对流仅能发生在流体中，而且由于流体中的分子同时进行着不规则的热运动，因而热对流必然伴随着热传导现象。工程上特别感兴趣的是流体流过一个物体表面时，流体与物体表面间的热量传递过程，称之为对流传热，以区别于一般意义上的热对流。

就引起流动的原因而论，对流传热可区分为自然对流与强制对流两大类。自然对流是由于流体冷、热各部分的密度不同而引起的，暖气片表面附近受热空气向上流动就是一个例子。如果流体的流动是由于水泵、风机或其他压差作用所造成的，则称为强制对流。冷油器、冷凝器等管内冷却水的流动，都由水泵驱动，它们都属于强制对流。

对流传热的基本计算式是 Newton 冷却公式如下：

流体被加热时

$$q = h(t_w - t_f) \tag{3-6a}$$

流体被冷却时

$$q = h(t_w - t_f) \tag{3-6b}$$

上述式中：t_w、t_f——分别为壁面温度和流体温度，℃；

h——表面传热系数（表面传热系数以前又常称为对流换热系数），$W/(m^2 \cdot K)$。

3）热辐射

热辐射是指物体通过电磁波来传递能量。物体会因各种原因发出辐射能，其中因热的原因而发出辐射能的现象称为热辐射。自然界中各个物体都不停地向空间发出热辐射,同时又不断地吸收其他物体发出的热辐射。辐射与吸收过程的综合结果造成了以辐射方式进行物体间的热量传递——辐射传热,也常称为辐射换热。当物体与周围环境处于热平衡时,辐射传热量等于零,但这是动态平衡,辐射与吸收过程仍在不停进行。

对于刘江黄河特大桥引桥,T形梁混凝土桥面板受火时,其迎火表面周围的热气流层温度升高后对桥面板加热,桥面板迎火侧表面的温度快速升高,热量又通过热传导作用,逐渐深入到混凝土桥面板及腹板的内部,热传导进一步发展,热量将传至混凝土梁其他非迎火侧面,常温的空气则通过热对流、热辐射的方式不断从混凝土桥面板非迎火侧带走热量,图3-8所示为热传递过程。由于混凝土材料的热惰性,构件内部形成了很不均匀的温度分布,并随着火灾时间的延续而不断地发生变化,是一个动态的温度场,即非稳态传热。

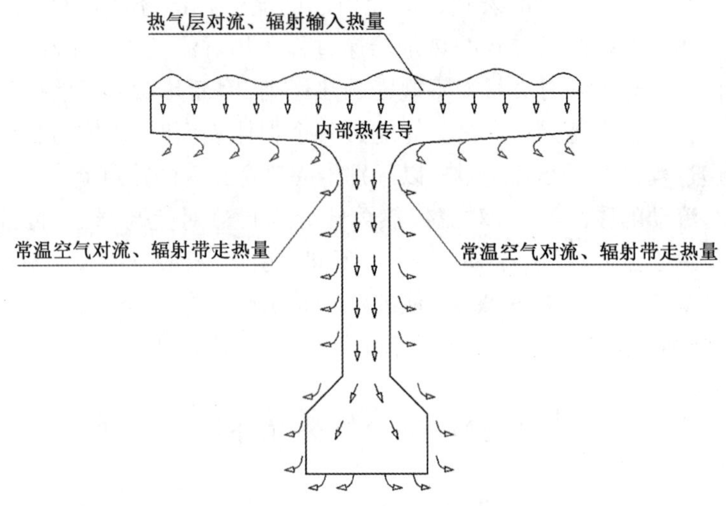

图3-8 热能在混凝土梁中的传递示意图

一般情况下,迎火侧的温度在经受火灾30min以内将到最大值(约1 000℃),随后其温度将不再增加。随着混凝土梁内部热传导与常温空气对流的进行,混凝土梁内部的温度场也将趋于稳定,迎火侧输入的热量与常温空气带走的热量相等,即稳态传热。根据已发生的桥梁火灾事故,其火灾持续时间一般较长(大于2h),桥梁在迎火后相当长的时间内保持稳态传热状态。因此,可采用稳态传热的方式对桥梁迎火后内部温度场进行分析。

3.3.2 混凝土热传导系数与空气对流换热系数

1)混凝土热传导系数

热传导系数是混凝土材料热量传导能力的指标,其定义为单位温度梯度下通过等温面上单位面积的热流速度,单位是 W/(m·℃)。混凝土热传导系数的大小主要取决于占混凝土混合物大部分体积的粗集料,其颗粒的矿物成分、结构状况和结晶特征等是混凝土热传导系数取值的主导因素。一般来讲,对大部分的混凝土材料,热传导系数随温度升高而降低的规律都是适用的。

欧洲混凝土结构抗火设计规范[58]给出了不同集料类型的混凝土热传导数与温度的函数关系式。

硅质集料混凝土:

$$\lambda_c = 2.0 - 0.24\left(\frac{T}{120}\right) + 0.012\left(\frac{T}{120}\right)^2 \qquad 20℃ \leqslant T \leqslant 1\,200℃ \quad (3\text{-}7a)$$

钙质集料混凝土:

$$\lambda_c = 1.6 - 0.16\left(\frac{T}{120}\right) + 0.008\left(\frac{T}{120}\right)^2 \qquad 20℃ \leqslant T \leqslant 1\,200℃ \quad (3\text{-}7b)$$

轻质集料混凝土:

$$\lambda_c = \begin{cases} 1.0 - \dfrac{T}{1\,600} & 20℃ \leqslant T \leqslant 800℃ \\ 0.5 & 800℃ \leqslant T \leqslant 1\,200℃ \end{cases} \quad (3\text{-}7c)$$

上述式中:λ_c——T 温度时混凝土的导热系数;

T——混凝土的温度(下同)。

加拿大国家研究院的 Lie[59]给出了混凝土高温下导热系数公式。

硅质集料混凝土:

$$\lambda_c = \begin{cases} -0.000\,85T + 1.9 & 0℃ \leqslant T \leqslant 800℃ \\ 1.22 & T > 1\,200℃ \end{cases} \quad (3\text{-}8a)$$

钙质集料混凝土:

$$\lambda_c = \begin{cases} 1.355 & 0℃ \leqslant T \leqslant 293℃ \\ 1.22 & T > 293℃ \end{cases} \quad (3\text{-}8b)$$

Kodur 等人[60]也给出了不同集料高强混凝土导热系数的公式。

硅质集料混凝土:

$$\lambda_c = 0.85(2 - 0.001\,1T) \qquad 0℃ \leqslant T \leqslant 1\,200℃ \quad (3\text{-}9a)$$

钙质集料混凝土:

$$\lambda_c = \begin{cases} 0.85(2 - 0.0013T) & 0℃ \leqslant T \leqslant 300℃ \\ 0.85(2.221 - 0.002T) & 300℃ \leqslant T \leqslant 1000℃ \end{cases} \tag{3-9b}$$

任红梅[61]以 Campbell-Allen 和 Thorne 的计算模型推导出不同集料高性能混凝土导热系数公式。

硅质集料混凝土：

$$\lambda_c = 2.44 - 0.24\left(\frac{T}{120}\right) + 0.012\left(\frac{T}{120}\right)^2 \quad 20℃ \leqslant T \leqslant 1200℃ \tag{3-10a}$$

钙质集料混凝土：

$$\lambda_c = 1.88 - 0.16\left(\frac{T}{120}\right) + 0.008\left(\frac{T}{120}\right)^2 \quad 20℃ \leqslant T \leqslant 1200℃ \tag{3-10b}$$

不同集料的混凝土热传导系数差距较大，由以上各公式可见硅质集料混凝土的热传导系数比钙质集料混凝土大，轻质集料混凝土的热传导系数最小。轻集料混凝土颗粒间存在大量孔隙，使热量传递效率降低，且温度升高后系数的变化幅度也减弱。当混凝土的集料组成确定后，其含水率就成了影响导热系数的主要因素。随着温度的升高，当达到 100℃后因混凝土中自由水的蒸发吸热，导热系数在 100℃附近受含水率的影响程度达到最大；当大于 200℃后因水分蒸发结束，恢复近似线性减小；由于建筑结构构件的迎火温度一般远远高于 100℃，大部分研究不考虑水分对导热系数的影响；随着温度的升高，混凝土材料的导热系数对混凝土集料特性的依赖程度也会降低。在能够满足计算要求的前提下力求简单，一般情况下不再考虑不同集料混凝土的导热系数差异，统一按照一种公式进行不同温度下导热系数的取值计算。

Lie[59]给出了不区分集料类别的高温下混凝土导热系数公式：

$$\lambda_c = \begin{cases} -0.00085T + 1.9 & 0℃ \leqslant T \leqslant 800℃ \\ 1.22 & T > 800℃ \end{cases} \tag{3-11}$$

陆洲导[18,62]通过对普通混凝土进行测试，也给出高温下混凝土的导热系数建议公式：

$$\lambda_c = 1.6 - 7.06 \times 10^{-4}T \tag{3-12}$$

图 3-9 示出了以上公式相应的图形，从图中可以看出，各公式都可以反映导热系数随温度升高而降低的基本趋势，但离散性较明显，尤其是 800℃后的高温段，不同集料类型对混凝土导热系数的影响可使其相差一倍以上。综合图 3-9 的数据情况，混凝土导热系数可取陆洲导公式。

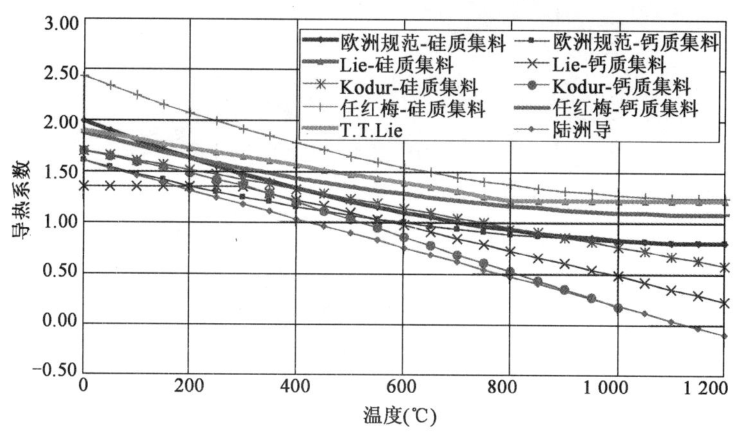

图 3-9 混凝土导热系数与温度关系

2)空气对流换热系数

混凝土表面对流换热系数的测试,我国尚没有相应的试验规程。因为不同混凝土结构换热面的几何形状和位置不同,导致了火灾中产生不同的速度场,进而影响了温度场,并最终影响对流换热。火灾的发生过程又和火荷载情况、通风条件等有关系,所以火灾中对流换热系数的确定非常复杂。

王卫华[63]给出了自然对流换热系数为 1 ~ 10 W/(m^2 · K),强制对流换热系数为 20 ~ 100 W/(m^2 · K)。张建荣[64,65]等在室内环境下对混凝土表面自然对流换热系数进行了试验研究,得出混凝土表面空气自然对流换热系数为 4.74W/(m^2 · K)。还进行了混凝土对流换热系数的风洞试验研究,共进行了 3 个试件的风洞试验。在不同风速 v 的作用下,对流换热系数 h_c 的实测结果如图 3-10 所示,3 个试件的试验结果非常一致:风速越高,对流换热系数越大。通过回归分析,以式(3-13)拟合风速与对流换热系数时,相关系数为 0.993 2,可见两者之间具有很好的线性相关性。回归公式计算值与实测值的最大偏离度为 0.046 7,平均偏离度为 0.022,表明试验分析所得的回归公式其代表性是较好的。

$$h_c = 3.0645v + 4.1115 \tag{3-13}$$

刘文燕[66]等对混凝土表面对热换流系数进行了测试研究,试验结果表明其对流系数与风速成正比关系,并得到如下的线性回归公式:

$$h_c = 5.46v + 6 \tag{3-14}$$

综上所述,空气在混凝土表面的对热换流系数可偏安全地按式(3-13)取值。

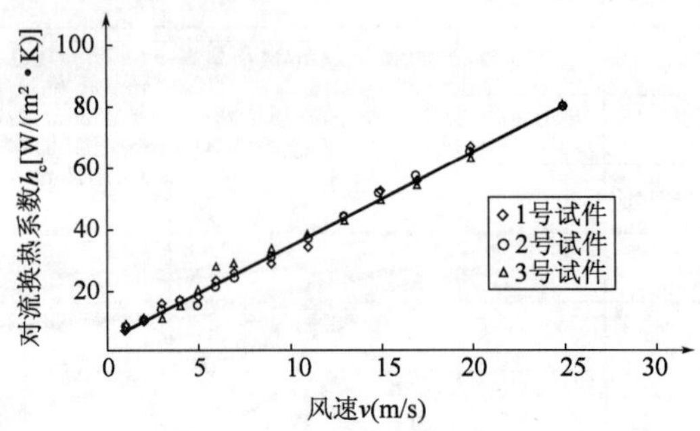

图 3-10　对流换热系数实测结果

3.3.3　边界条件

根据系统介质表面与周围介质热交换相互作用的特点,经常遇到的温度边界条件可分为三类。

条件一:已知结构边界上的温度是时间 t 的函数

$$T_{(x,y,t)}\big|_{l_1} = T_{\mathrm{f}}(t) \tag{3-15}$$

条件二:已知结构边界上的热流量是时间 t 的函数

$$-\lambda \frac{\partial T}{\partial n}\Big|_{l_2} = g_{\mathrm{f}}(t) \tag{3-16}$$

条件三:已知与结构相接触的空气热气流的温度

$$-\lambda \frac{\partial T}{\partial n}\Big|_{l_3} = \beta_{\mathrm{T}}(T_{(x,y,z,t)} - T_{\mathrm{a}})\big|_{l_3} \tag{3-17}$$

式中:β_{T}——结构边界与周围流体介质间的表面换热系数,其定义为单位时间内单位温度差所通过单位面积的热量,W/(m^2·K)。

对于图 3-8 所示的混凝土梁受火作用的稳态传热分析,可将迎火面边界条件设置为边界条件一,则其他非迎火面为边界条件三。

3.4　温度场的数值模拟

3.4.1　数值有限元模型

对混凝土梁受火后温度场的数值模拟采用 ANSYS 软件进行。ANSYS 软件是集结构、流体、温度场、电场、磁场、声场分析于一体的大型通用有限元分析软件,在多个领域有着广泛的应用。本书温度场分析的对象为背景工程中的35m跨简支预应力混凝土T形梁,梁高350cm,上翼缘宽250cm,腹板厚17cm,跨中横断面尺寸如图3-11所示。

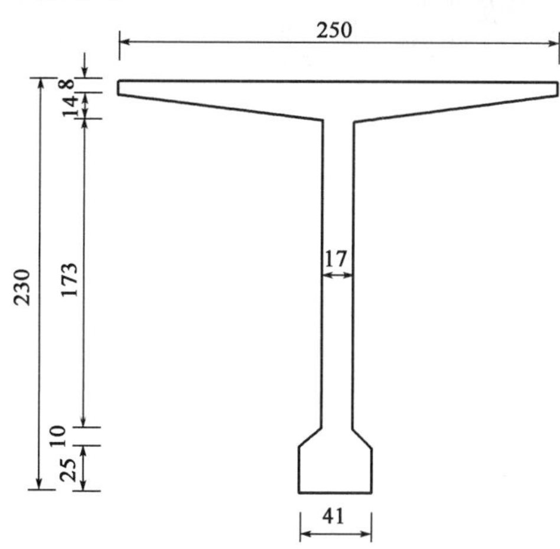

图3-11 35m跨简支预应力混凝土T形梁跨中断面示意图(尺寸单位:cm)

建立的几何模型及网格划分后的有限元模型分别如图3-12、图3-13所示,有限元单元采用Solid65单元,单元最大尺寸控制为10cm,单元为77 440个,节点为99 546个。混凝土的导热系数按式(3-12)取值。

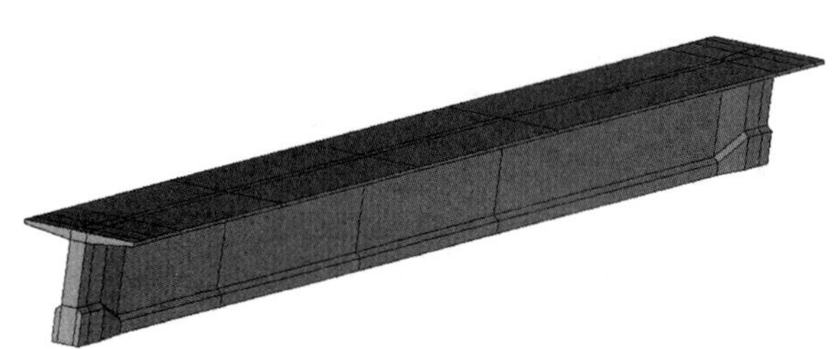

图3-12 几何模型

图3-13 有限元模型

3.4.2 温度荷载与热对流的设置

实际火灾中,T形梁顶板顶面距梁端7.5～21.5m范围内受火,直接对此区域的节点施加温度荷载,根据前面所述和检测结果,此温度荷载可取为1 000℃。T形梁其他非迎火的外表面,直接暴露于室外空气中,并产生热对流。根据现场实际情况,空气温度为10℃,风速取0.6m/s,空气换热对流系数取值按式(3-13)计算得5.95W/(m^2·K)。图3-14示出了T形梁迎火断面的温度荷载与热对流设置情况。

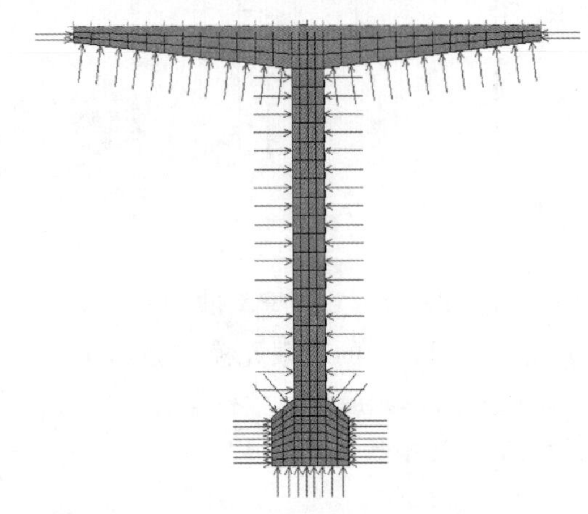

图3-14　T形梁迎火断面处的温度荷载与热对流设置情况

3.4.3 温度场分析结果

图3-15和图3-16为T形梁迎火后的温度场云图。

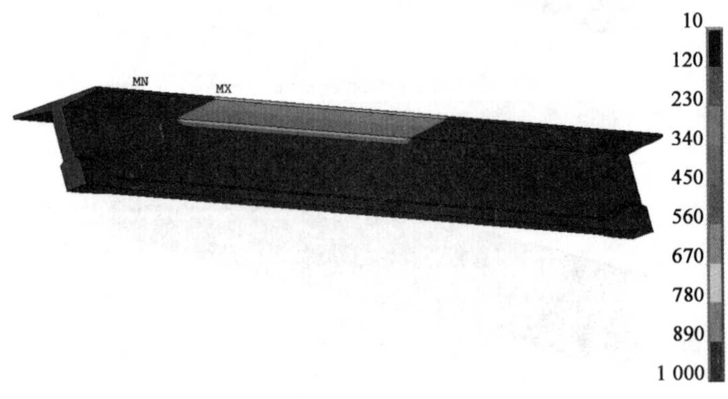

图3-15　T形梁迎火后温度场云图(单位:℃)

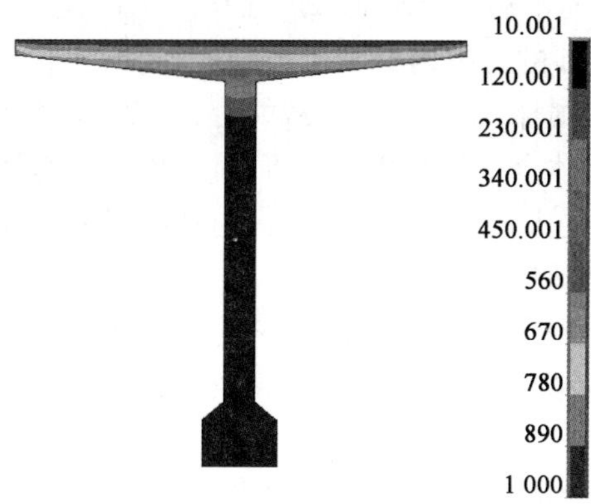

图 3-16 T 形梁迎火后断面温度场云图(单位:℃)

从图 3-16 可以看出,混凝土 T 形梁受火后的截面温度梯度与日照温度梯度的趋势是较为吻合的,T 形梁受火时,距梁顶约 30cm 处的温度为 300℃左右。根据《火灾后建筑结构鉴定标准》(CECS 252:2009),混凝土受 300℃高温自然冷却后,强度折减系数为 0.8。为计算简化,可认为此 T 形梁在受火后,距顶缘 30cm 范围内的混凝土不继续承载,30 ~ 40cm 的范围按线性梯度有限承载,大于 40cm 的深度范围不受影响。灭火过程采用的水冷降温对于火灾表层混凝土影响较大,同样可依据混凝土的热惰性进行瞬态热分析,但考虑到水冷降温对于温度场的分布影响有限,在效应分析时可只考虑升温过程。

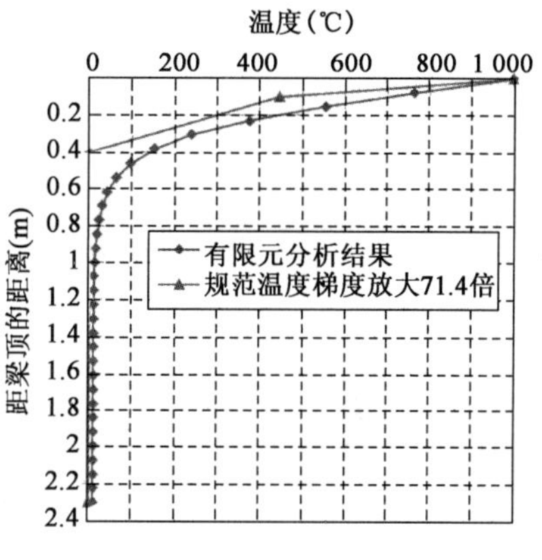

图 3-17 T 形梁迎火温度梯度与日照温度梯度的对比图

图 3-17 为 T 形梁迎火温度与日照温度按照同比例放大得到的结果对比,日照温度放大比例为 1 000/14 = 71.4。由图看出,有限元分析的结果与规范的温度梯度折线图具有较好的相似性,可用于简化温度效应的分析。

3.4.4 结论

通过火灾后的桥梁鉴定结果和本章的温度场模拟,对于桥面起火的混凝土桥梁可得出如下结论:

(1)火灾对梁体的影响使得竖向深度在0～30cm范围内的钢筋混凝土区域不适合承载,30～40cm的范围内有限承载,在分析时可偏于安全的假定受损区钢筋混凝土全部出现损坏,不再具备承载能力,可以避免按照温度变化过程进行基于材料非线性的梁体全过程非线性分析,对于抢修工程是合适的。

(2)对于桥面上的火源,可按照太阳辐射作用下的温度梯度进行梁体的温度效应分析,确定梁体受损区域。

(3)采用简化的温度场计算方法,可按照规范温度梯度的方式施加作用,在火灾发生的同时进行结构分析,提前预测桥梁受损前后的状态,为现场结构监测提供依据。

(4)灭火过程采用的水冷降温对于火灾表层混凝土影响较大,但由于混凝土的热惰性,对于温度场的分布影响有限,在效应分析时可只考虑升温过程。

第4章 火灾后混凝土桥梁快速抢修加固技术

4.1 桥梁快速抢修加固的特点

在现实生活中有很多因素会导致桥梁事故,大体而言可以分为自然因素和人为因素两个方面。自然因素方面主要涉及洪水、地震、强风、冰冻及漂浮物撞击等,这些事故发生突然,易对桥梁结构造成重大损坏。人为因素包含设计不合理、施工缺陷及管理不到位等,诸如施工过程中桥梁垮塌,运营过程中的船舶撞击、车辆撞击、超载等都是人为因素引起的桥梁损坏。混凝土桥梁的火灾事故大都是由于危险品运输的防护措施不到位、车辆撞击或自燃等因素造成的,属于人为因素,人为因素可以尽量减少却难以完全避免,比如车辆碰撞后起火属于小概率事件,但其发生的概率会一直存在,根据公安部消防局 2017 年 3 月发布的《2015 年全国起火场所火灾情况》,全年机动车起火事故为 29 555 起,随着机动车数量的增长,事故发生的次数将更多。公路桥梁火灾事故数量相对较小,且侧重于事后及时处理,因此桥梁抢修就显得尤为重要。在桥梁发生火灾事故后,需要对桥梁进行抢修以快速恢复交通,防止次生灾害发生,降低整体损失,保证路网通行的需要。桥梁快速抢修技术不同于常规的桥梁加固技术,它具有如下特征。

(1)时效性。火灾事故常导致桥梁通行能力下降,引起自身及周边路网堵塞,桥梁抢修在较短时间内完成,可减少对桥梁通行性能的影响。

(2)可实施性。可实施性需求是快速加固技术需要满足的另一个重要方面,是指在不中断交通或短时间中断交通的情况下采用操作性强的施工方法。

(3)安全性。安全性不仅指桥梁加固后车辆通行的安全性,而且指加固施工过程的安全性,不仅指加固后承载能力的安全性,而且指加固后在剩余基准期内桥梁使用的安全性。

(4)美观性。抢修加固在外观上处置不得当,易引发社会恐慌,事后处置上应尽可能恢复原状。

为了达到快速抢修的目的，需要在加固材料、施工工艺和施工机械等多方面进行选择。

4.2 快速施工技术

常用的桥梁加固方法，主要有增大截面加固法、置换混凝土加固法、体外预应力加固法、外包型钢加固法、粘贴钢板加固法、粘贴纤维复合材料加固法、预应力碳纤维复合板加固法、增设支点加固法[67,68]等。下面分析适合于火灾后混凝土桥梁快速抢修的加固方法。

4.2.1 桥下临时支撑法

增加桥下临时支点可有效减少桥梁的计算跨径，显著提高桥梁的负重能力，在桥下具备施工条件且桥梁高度不高时常采用。该方法具有不影响桥面交通、施工速度快、可靠度高、可多点并行施工等优点，由于加固方法与桥型相关性小，在公路大件运输、危桥改造等特殊加固工程中应用较多，临时支撑大部分采用钢管支撑形式，以便于安装和拆卸。见图4-1。

4.2.2 装配式公路钢桥法

装配式公路钢桥是一种可分解的、能快速架设的、主要用于各种车辆通过江河、沟谷等障碍，并可在危桥、断桥上架设桥上桥及道路抢修时应急使用的制式桥梁。当梁体破坏严重、无法在短时间内恢复通行时，可以考虑采用装配式公路钢桥进行梁体代替，俗称为“桥上桥”加固法[69]，如图4-2所示。

图4-1 桥下增加临时支撑加固法

图4-2 某“桥上桥”加固工程

4.2.3　增加预应力度加固法

预应力混凝土桥梁受损较为明显时，易造成预应力度降低，影响桥梁的安全性和耐久性，为了补偿预应力损失需要补加预应力，体外预应力钢束和预应力碳纤维板是常用的提高桥梁预应力度的方式。

(1)体外预应力筋。体外预应力是后张无黏结预应力体系的分支之一，是《公路桥梁加固设计规范》(JTG/T J22—2008)中给定的主动加固法，常采用环氧涂层钢绞线作为体外钢束，具有有效预应力高、工艺成熟的优点，但体外预应力筋需要设置混凝土锚块，构造复杂，施工周期相对较长。

(2)预应力碳纤维板。该技术是对传统粘贴碳纤维加固技术的改进，它能使碳纤维在承担结构传递荷载应力之前处于较高的应力水平，进而实现高强性能的充分发挥，是《混凝土结构加固设计规范》(GB 50367—2013)中给定的主动加固法。预应力碳纤维板有专用的夹具，施工便捷，且耐久性良好，目前已发展成为包含耦合光纤光栅传感器的智能预应力碳板。

4.2.4　粘贴补强加固法

粘贴高强材料进行被动式加固是常用的桥梁养护工程中的加固处置方法，一般用于裂缝修补、局部补强或钢筋混凝土桥梁的加固。

(1)粘贴钢板技术。结构粘钢加固是最早发展起来的加固技术，用特制的结构胶粘剂，将钢板粘贴在钢筋混凝土结构的表面，就能达到加固和增强原结构强度和部分刚度的目的，具有方法简便、易于施工等优点。

(2)粘贴碳纤维材料。该方法采用同一方向排列的碳纤维织物，在常温下用环氧树脂胶进行涂刷，紧密黏着于混凝土结构表面，使二者作为一个新的整体，共同受力，具有耐久性好、施工方便的优点。

表4-1所示为几种加固方法在火灾后混凝土桥梁加固适用性的对比，实际工程中可根据桥梁的受损评估结果选择适当的结构加固方案，以提高加固速度和保证安全性。

火灾后混凝土桥梁快速加固技术对比　　表4-1

编号	梁体受损状况	适用方法
1	梁体受损严重，具有倒塌风险	装配式公路钢桥法
2	梁体受损严重，无法继续承载	装配式公路钢桥法，桥下临时支撑法
3	梁体受损一般，但需降低通行荷载	桥下临时支撑法，增加预应力度加固法
4	梁体受损较轻，局部出现裂缝或破损	增加预应力度加固法，粘贴补强加固法

4.3 混凝土快速清除技术

火灾后混凝土局部受损,需要采用合适的方法清除受损区域混凝土,然后复浇新混凝土,恢复混凝土的局部承载力。混凝土置换的重点是将受损的混凝土与未受损的混凝土和钢筋进行剥离,缺陷混凝土快速清除是重点也是难点,常用的混凝土清除或切割的方法按类型可分为热切割法、机械切割法、化学切割法、流体切割法。

(1)热切割法。氧茅切割法、火焰切割法、激光切割法等属于热切割法[70],热切割法可以同时完成混凝土和钢筋的切割,但切割效率相对较低,对设备要求较高,对周边未受损混凝土易造成伤害,除了钢筋采用热切割外,桥梁结构较少采用热切割法。

(2)物理切割法。物理切割法可细分为人工分解法和机械切割法[71],人工分解法主要借助于重锤、铁钎等进行混凝土破除,著名的安阳郭亮隧道就采用了人工分解法,该方法施工效率低,主要适用于不适合机械操作的区域;风镐、墙锯切割、绳锯切割等属于半机械或机械切割方式(图 4-3 ~ 图 4-5),半机械式切割存在切割时间长、对混凝土和钢筋损伤大、结构振动大、切割速度慢等问题,机械切割一般适用于大断面的整体切割,难以完成钢筋和混凝土的分离。

(3)化学切割法。包括安全微声爆破拆除等化学切割方式,爆破切割存在风险大、振动大等问题,一般适用于桥梁整体切割,同样会对钢筋造成损伤,同样难以应用于钢筋与混凝土的剥离。

a)风镐

b)破除现场

图 4-3 风镐破除混凝土

a)墙锯

b)切割现场

图4-4 墙锯切割混凝土

a)液压绳锯

b)破除现场

图4-5 液压绳锯切割混凝土

(4)流体切割法。水射流破碎法(图4-6)、高压水切割法(图4-7)等是以水等流体作为无损压力切割方式。水射流破损法一般用于强度较低的混凝土破除或高强混凝土表面的清理,相对于桥梁一般采用C40以上的高强度等级混凝土,水射流破损法难以应用。超高压水切割是近年来引进的一种新型切割技术,主要是指利用超高压水(特指从100MPa到280MPa)来去除一定厚度的混凝土表面。当表层混凝土被污染或损坏时,用超高压水可以非常有效地去除混凝土表层而不伤及钢筋,便于重新浇注混凝土,使资源得到最大限度的利用。图4-5b)中示出了高压水机器现场切割的情况,从图片中可以看出高压水切割后切口较整齐且可以做到对钢筋无损坏,现场无粉尘环保性能好,同时高压水切割效率较高,单位时间内破除混凝土数量是普通风镐的几倍。水切割的具体要求参看附录1。

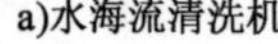
a)水海流清洗机

b)施工现场

图 4-6　水射流清洗混凝土

a)水切割机械

b)破除现场

图 4-7　高压水切割混凝土

桥面受火桥梁的混凝土清除属于局部清除,对受损严重的混凝土和钢筋需一并切除,对受损一般的混凝土需要分离出有效混凝土与失效混凝土,对未受损的钢筋需要保护,这些要求需要采用特殊的清除方法来实现。表 4-2 所示为常用混凝土切割方法的对比,从表中可以看出,高压水切割法最适宜应用于受损混凝土的切割,具有对钢筋无损、环保高效的特点,并且高压水切割对混凝土的集料可以有效保留,后期不需要对新旧混凝土的交界面进行处置,是火灾后混凝土快速清除的理想方法。

混凝土清除方法比较　　表4-2

序号	拆除方法	分解方式	优点	缺　　点	适应范围
1	火焰切割法	热切割	切割强度高	易损伤钢筋和未受损桥体	高强切割
2	激光切割法	热切割	切割强度高	易损伤钢筋和未受损桥体	高强切割
3	锤击敲碎法	人工分解	成本低	风险高,效率低	小型结构
4	打钎凿碎法	人工分解	工艺简单	风险高,效率低	小型结构
5	风镐冲碎法	机械分解	工艺简单	效率低,易损伤钢筋	无特殊要求
6	劈裂胀碎法	机械分解	效率高	设备多,工艺复杂	无筋结构
7	墙锯切割法	机械分解	安全	成本高,效率低	无特殊要求
8	绳锯切割法	机械分解	安全	成本较高,耗水多	无特殊要求
9	爆破拆除法	化学分解	效率高	工艺复杂,无法分离钢筋	桥梁整体
10	水射流破碎法	物理分解	效率高	难以实现深度切割	表面清理
11	高压水切割法	物理分解	可保留钢筋	需要专业设备,成本高	无特殊要求

4.4 快速加固用混凝土

受损混凝土被清除之后,需要采用新混凝土重新浇筑。根据抢险加固工程的时效性要求,需要选用早强、自密实等相对特殊的混凝土。选择合适的混凝土,既可以保证加固效果,又可以保证满足快速化施工的需求。

4.4.1 超早强混凝土

超早强混凝土技术是基于快速修补和快速施工要求而发展起来的,不仅早期强度高(1d强度达到设计强度的50%以上,3d强度达到设计强度的100%),而且施工性能优良(凝结时间适中、工作性能好),便于施工,同时长期耐久性能好(抗渗性能、抗碳化性能、抗硫酸盐侵蚀性能优良),能有效保证混凝土结构使用寿命[72]。目前配制超早强混凝土的技术途径主要为两种:一是利用快硬早强型特种水泥,主要是用具有快硬早强性能的特种水泥(如高铝水泥、调凝水泥、快硬硫铝酸盐水泥等)来配制超早强混凝土。二是使用早强剂和各种外加剂,该途径的关键是要得到早强效果较好的早强剂,同时优选其性能以期获得优良的综合性能。无机盐类、有机物类及复合型类早强剂是目前普遍使用的早强剂。采用无机盐类或有机物类早强剂易导致后期强度倒缩或耐久性较差,而采用复合早强剂则需要反复地试验验证来确定较理想的构成,才能获得较好的技术经济效果。

4.4.2 膨胀混凝土

后浇注的混凝土易出现收缩,易导致新旧混凝土界面出现裂缝,为了解决这个问题可采用具有自应力和补偿收缩两种特点的膨胀混凝土。膨胀混凝土的膨胀能来源于膨胀水泥或掺加膨胀剂的水泥的水化作用,早期的膨胀混凝土都是由膨胀水泥制成的,自膨胀剂研制成功以来其独有的优点越来越多地显现出来。采用膨胀剂可以降低包装运输费用,降低工程造价;储存少量膨胀剂,直接拌制膨胀混凝土,可解决膨胀水泥的仓储困难;防潮性好,可以延长储存时间;提高粉磨效率,降低成本。膨胀剂可分为:硫铝酸盐系膨胀剂、石灰类膨胀剂、铁粉系膨胀剂、氧化镁类膨胀剂、发泡类膨胀剂、复合膨胀剂。目前膨胀剂正朝着低掺量、多功能、液体膨胀剂、高性能膨胀剂、低碱及抑制碱—集料反应膨胀剂的方向发展[73]。

4.4.3 超高性能混凝土

超高性能混凝土(Ultra-High Performance Concrete,简称 UHPC),因为一般需掺入钢纤维,也被称作超高性能纤维增强混凝土(Ultra-High Performance Fibre Reinforced Concrete,简称 UHPFRC)。UHPC 以超高的强度、韧性和耐久性为特征,成为实现水泥基材料性能大跨越的新体系。基本配制原理是:通过提高组分的细度与活性,不使用粗集料,使材料内部的缺陷(孔隙与微裂缝)减到最少,以获得超高强度与高耐久性。UHPC 所用材料与普通混凝土有所不同,其组成材料主要包括:水泥、级配良好的细砂、磨细石英砂粉、硅灰等矿物掺合料、高效减水剂。当对韧性有较高要求时,还需要掺入微细钢纤维。UHPC 较有代表性的特点:是一种组成材料颗粒的级配达到最佳的水泥基复合材料;水胶比小于 0.25,含有较高比例的微细短钢纤维增强材料;抗压强度不低于 150MPa;具有受拉状态的韧性,开裂后仍保持抗拉强度不低于 5MPa[74]。目前,UHPC 已经在一些实际工程中应用,如大跨径人行天桥、公路铁路桥梁等,也用于钢桥面铺装修复或特殊结构加固中。

4.4.4 早抗折强无收缩修补料

早抗折强无收缩修补材料,是以水泥为主要胶凝材料,高强度石英砂和级配碎石为主集料,配合以高分子聚合物、高效减水剂、调凝剂、膨胀剂等外加剂配制而成的快速修补材料。早抗折强无收缩修补料中主要以硫铝酸盐水泥为主要基础胶凝材料，硫铝酸盐水泥的水化决定了修补材料早期和后期的强度性能。而高分子聚合物和外加剂则通过与硫铝酸盐水泥矿物成分的有效反应，起到了提高修补材料抗折强度和调节凝结时间的作用，从而提高了修补材料的和易性和桥梁适用性。施工时按照基面清理、基面浸润、界面处理、搅拌材料、修补、养生的过程进行。

4.5　新旧混凝土的连接

在桥梁工程中经常遇到新老混凝土界面结合问题，如悬臂浇注施工、加固修补混凝土墩梁等。由于新老混凝土界面黏结强度低，容易形成薄弱面，不能构成连续整体，受力后易发生沿界面的破坏，留下工程隐患，故新老混凝土界面结合问题是关系到工程质量的关键技术问题。目前对于新旧混凝土的连接一般采用两种方法，一种是在界面上设置普通钢筋，并保证有足够的锚固长度，通过钢筋来提高剪切性能和抗裂性能，但普通钢筋并不能保证两者共同受力和无裂缝，交界面存在的裂缝加速钢筋锈蚀和造成混凝土劣化，影响耐久性能；另一种界面进行凿毛处理，提高界面的抗剪性能，但依然不能解决新旧混凝土界面的抗拉和抗折强度。《混凝土结构加固设计规范》(GB 50367—2013)[75]指出，除混凝土表面应予打毛外，尚应采取涂刷结构界面胶、种植剪切销钉或增设剪力键等措施，以保证新旧混凝土共同工作。目前，用于新老混凝土界面的黏结材料主要分无机和有机材料两类。无机类材料有水泥净浆或水泥砂浆等。这类材料的主要缺点是黏结性差，虽能一定程度地提高界面的黏结强度，但达不到完全消除薄弱界面的目的。有机类材料主要以环氧基结构胶为主，黏结强度相对较高，下面分别对界面剂、界面胶、交界面处置及钢筋连接进行论述。

4.5.1　界面剂

混凝土界面处理剂[76]按照形态可分为两种：一种是干粉型界面剂，干粉界面剂是由水泥等无机胶凝材料、填料、聚合物胶粉和相关的外加剂组成的粉状物，具有高黏结力，优秀的耐水性、耐老化性，使用时按一定比例掺水搅拌使用。另一种是乳液型界面剂，乳液型界面剂以化学高分子材料为主要成分，辅以其他填料制成。乳液型界面剂具有更好的物理及化学稳定性，其应用广泛，适用于各种新建工程及维修改造工程，并且可涂于聚苯板、沥青涂层、钢板等不易抹灰的墙体材料。液型按其组成及适用基层又分为单组分和双组分。《建筑结构加固工程施工质量验收规范》(GB 50550—2010)指出混凝土用结构界面胶(也称结构界面剂),应采用改性环氧类界面胶(剂)。原构件混凝土的界面,应按设计文件的要求涂刷结构界面胶(剂)。《公路桥涵施工技术规范》(JTG/T F50—2011)指出当需要在旧混凝土的结合面上涂刷界面剂时,应符合设计的规定。表4-3给出了混凝土界面处理剂的物理力学性能指标[76],从表中不难看出混凝土截面处理剂对混凝土的黏结性能有所改善,但难以实现高强黏结,依然存在从新旧混凝土界面开裂的风险。

水泥混凝土界面剂的物理力学性能 表4-3

项目			指标
剪切黏结强度(MPa)	7d		≥1.0
	14d		≥1.5
拉伸黏结强度(MPa)	未处理	7d	≥0.4
		14d	≥0.6
	浸水处理、热处理、冻融循环处理、碱处理		≥0.5

4.5.2 界面胶

现行行业标准生产的界面剂,由于其性能要求很低,无法在承重结构中应用,为了区别界面剂提出了界面胶的概念。结构加固用界面胶,有三方面的要求:一是其基本性能、长期使用性能和耐介质侵蚀性能应与配套的结构胶相对,并具有相容性。二是其黏结抗剪性能,应不受高含水率的影响,在富含水分子的黏合面中能够正常固化,并具有所要求的抗剪强度。三是它的线性收缩率应受到控制[77]。《工程结构加固材料安全性鉴定技术规范》(GB 50728—2011)提出了界面胶的概念,并要求承重结构新旧混凝土的连接采用界面胶。界面黏结性能在进行试验时试件破坏形式应划分为:混凝土内聚破坏(破坏发生在混凝土内部),黏附破坏(破坏发生在涂刷界面胶黏剂的原剪切断面上),混合破坏。其中混凝土内聚破坏,或混凝土内聚破坏面积占黏合面积85%以上的混合破坏,均可判断为正常破坏;黏附破坏,或混凝土内聚破坏面积少于85%的混合破坏,均应判为不正常破坏[77]。

采用界面胶进行新旧混凝土黏结的抗剪性能测试结果表明:该胶具有接近于水下胶的黏结能力,既能与干态的原混凝土黏结,也能与新浇的湿态混凝土黏结,双向的效果均超过现行标准的要求,即压缩抗剪强度达到了4.5~5.5MPa,

且破坏均发生新旧混凝土结合面之外,亦即属于混凝土内聚破坏[78]。相比而言,界面剂难以实现这种内聚破坏。采用界面胶前后对混凝土现场取芯的试验结果如图4-8所示。

a)未采用界面胶

b)采用界面胶

图4-8 采用界面胶前后对混凝土现场取芯的外观结果

4.5.3 其他

(1)凿毛处理。旧混凝土结合面的凿毛应凿至完全露出新鲜密实混凝土的粗集料,并清洗干净;对较大体积的结构混凝土的结合面,应将其凿成台阶式,且阶长宜为阶高的2倍。对于结合面处外露钢筋表面的锈皮、浮浆等,应采用适宜的工具刷净[79]。

(2)钢筋连接。拼接连接的方式应符合设计规定。设计未规定时,对竖向结合面的接缝,可采取新设接头钢筋再浇筑混凝土的方式进行拼接,接头钢筋的直径宜为6~10mm,其所需截面面积宜为梁、板截面面积的0.2%~0.3%,插入长度新旧混凝土均为30倍钢筋直径,且两端宜设弯钩;或在既有桥梁的梁、板上按一定的间距钻孔并植入抗剪钢筋,植入的钢筋应采用环氧树脂将其于孔洞灌注密实。拼接施工浇筑新混凝土前,应采用清水冲洗旧混凝土的表面使其保持湿润[79]。

第 5 章　桥面过火混凝土桥梁的加固设计

5.1　抢修加固设计原则及目标

以京港澳高速刘江黄河特大桥北引桥工程为依托,对桥面起火的混凝土桥梁制订抢修加固设计原则和目标:

(1)维修加固根据现场特点及病害情况制订设计方案,加固后能恢复桥梁的承载能力及使用性能,确保安全性能与旧桥相比不降低。

(2)抢险工程需兼顾施工工期及加固效果,务求在充分保证加固效果的前提下能够使施工简便快速。

(3)维修加固设计、施工应严格减少对原结构的损伤,设计中充分考虑施工风险,加固方案具有完备性及长期性。

(4)考虑加固后的美观性,力求加固结构外观与周边结构协调。

(5)加固后桥梁评定等级恢复到二类以上标准。

5.2　抢修加固总体设计

加固设计标准不改变原桥的设计标准。原桥具体指标如下。

道路等级:高速公路。

设计荷载:汽车-超 20 级,挂车-120 级。

设计洪水流量:$Q_{1/300}=18\ 700\text{m}^3/\text{s}$。

桥位区地震基本烈度为Ⅶ度,采用Ⅷ度设防。

依据桥梁病害检测状况分析成果,为前期尽快恢复交通及避免后期梁体出现次生病害,加固设计分为两个阶段:第一阶段为结构性病害处置阶段,目的是恢复原桥的基本受力状态,使受损桥梁具备通行条件,实现快速性修复目标;第二阶段为一般性病害处置阶段,目的是恢复原桥的耐久性和结构的设计使用年限,达到二类以上标准。

第一阶段抢修加固主要内容包括:

(1)为保障抢修工程安全开展,设计反力架支撑系统。

(2)对受损混凝土进行清除,尽可能保留更多的原桥未受损钢筋或受损不严重的钢筋。

(3)对火灾中受损的混凝土采用高一等级的混凝土进行置换处理,置换时采用预顶方案恢复原桥的混凝土应力状态。

(4)受损的3~6号梁体腹板采用粘贴钢板的方法进行加固,为了保证整跨桥梁的梁体上拱协调,整跨梁体采用在底板张拉预应力碳纤维板的方式进行加固处理。

完成第一阶段后,梁体在反力架的配合下已经基本具备了通行能力,在通行状态下,第二阶段耐久性恢复设计内容包括:

(1)对横隔板进行加固处理,对腹板受损区域进行处理。

(2)其余位置的裂缝及混凝土缺损一并处置。

加固方案的整体布置图如图5-1所示。

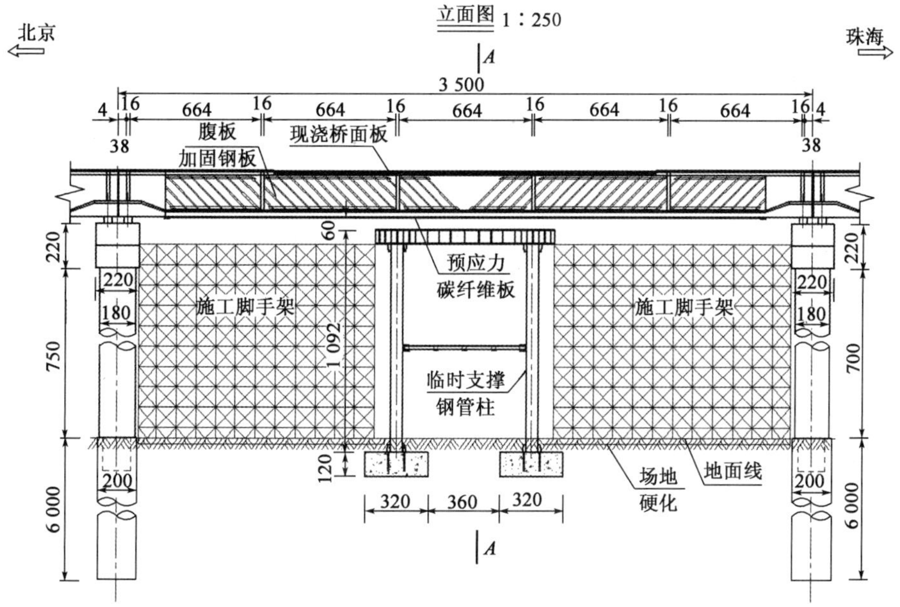

图5-1　加固方案整体布置图(尺寸单位:mm)

加固设计的整体分析采用Midas/Civil,对T形梁从预制至受损,而后到本次加固进行全过程模拟,其中加固部分采用"双单元法"进行模拟。计算中分别定义了T形梁受灾前、凿除顶板前、凿除顶板后、现浇完顶板后、运营10年等多个阶段的模型。在计算中选取的参数如下。

(1)混凝土:T 形梁采用 C50 混凝土,6cm 厚 C50 混凝土 +9cm 厚沥青混凝土铺装层。

(2)钢绞线:$\phi^{S}15.2$ 高强度低松弛钢绞线。

(3)非预应力钢筋:采用二级钢筋。

(4)计算中采用杆系模型,跨中部位采用铰接板(梁)法,梁端部四分之一区域内采用杠杆法。

(5)梁的计算截面如图 5-2、图 5-3 所示。

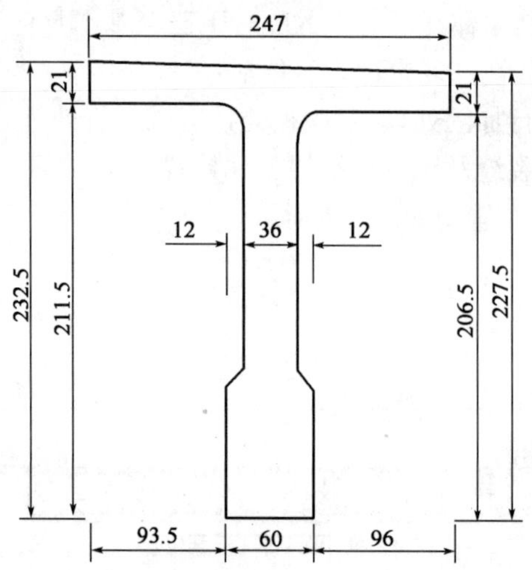

图 5-2　梁端截面图(尺寸单位:cm)

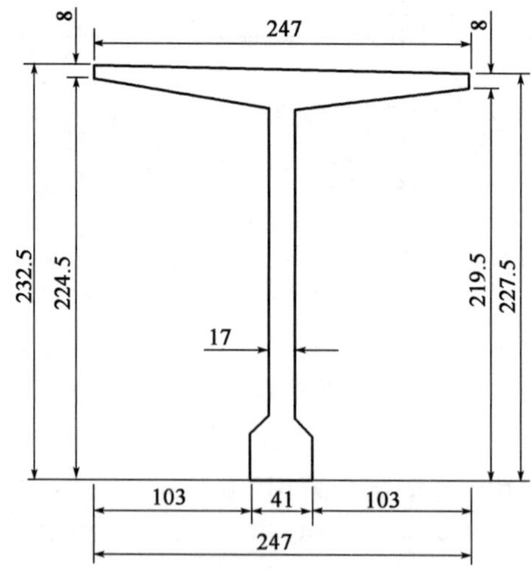

图 5-3　跨中截面图(尺寸单位:cm)

(6)计算中结构离散图如图 5-4 ~ 图 5-6 所示。

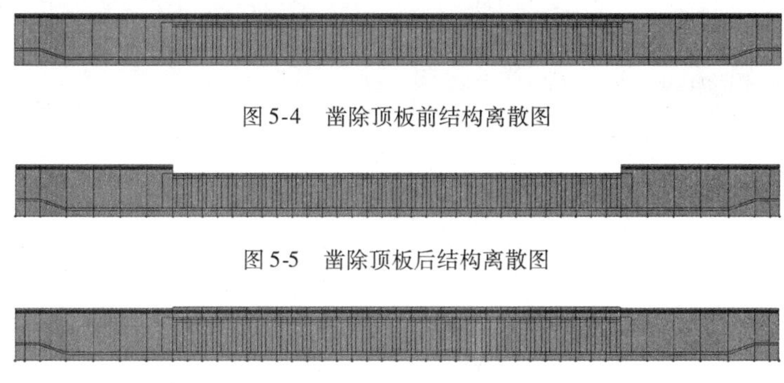

图 5-4 凿除顶板前结构离散图

图 5-5 凿除顶板后结构离散图

图 5-6 现浇完顶板后结构离散图

5.3 支架系统设计

5.3.1 支架预顶分析结果

预顶是第一阶段加固的关键环节,必须现场完成反力系统的调试后才能进行后续的抢修加固。预顶的位置与反力受切割混凝土范围和深度的影响,根据设计状态的混凝土切割设计范围,选择距离跨中两侧各 3.4m 的位置作为千斤顶布置点。表 5-1 列出了各阶段跨中截面正应力与挠度的计算结果。由此可得到结论:火灾前主梁的应力状态与张拉碳纤维板阶段主梁的应力状态,两者基本相当,可认为加固后梁体应力恢复至火灾前的水平;施加顶升力对于改善主梁的应力具有明显的作用,主梁的应力发生重分布,有助于减小跨中底板的应力,恢复跨中顶板的应力状态;修复后主梁的应力状态满足规范的应力要求。由于新浇桥面板收缩、徐变的影响,加固完成后梁体将持续下挠,下挠值为 25mm 左右,应采取减小混凝土收缩徐变的措施。

各阶段跨中截面正应力与挠度 表 5-1

阶段号	阶 段 名 称	跨中底缘应力(MPa)	跨中凿面应力(MPa)	累积挠度(mm)	本阶段挠度(mm)
1	预制梁	-12.80	-3.45	28.7	28.7
2	存梁与架设	-10.90	-3.76	45.3	16.6
3	施加二期恒载	-6.95	-4.96	30.1	-15.2

续上表

阶段号	阶 段 名 称	跨中底缘应力(MPa)	跨中凿面应力(MPa)	累积挠度(mm)	本阶段挠度(mm)
4	火灾前主梁应力状态	-5.91	-4.68	33.9	3.9
5	火灾后清除二期恒载	-9.67	-3.56	44.0	10.0
6	凿除翼缘	-3.60	-18.80	4.8	-39.2
7	水切割混凝土腹板	-11.00	-7.51	34.4	29.6
8	施加顶升反力	-15.50	-0.61	52.8	18.4
9	复浇桥面板	-13.60	-3.28	52.9	0.0
10	桥面板达到强度	-13.60	-3.28	52.9	0.0
11	拆模板	-13.80	-3.18	52.9	0.0
12	去除顶升力	-8.45	-4.17	41.3	-11.6
13	张拉碳纤维板	-9.27	-4.23	43.0	1.7
14	铺设沥青层	-7.06	-5.36	35.0	-8.0
15	运营10年后	-4.64	-12.00	9.6	-25.4
使用荷载	温度梯度	-0.7	1.4	—	4.8
	车道最大	6.88	0.02	—	0.3
	车道最小	-0.11	-1.27	—	-13.6
应力验算	短期组合最大	-0.29	-10.88	—	—
	标准组合最小	-5.43	-13.92	—	—

15 个施工阶段(表 5-1)中 6 个关键施工阶段的应力图与挠度图如图 5-7 ~ 图 5-24 所示。

1)T 形梁受灾前仅恒载作用

图 5-7 灾前恒载作用下底缘应力(单位:MPa)

图 5-8 灾前恒载作用下顶缘应力(单位:MPa)

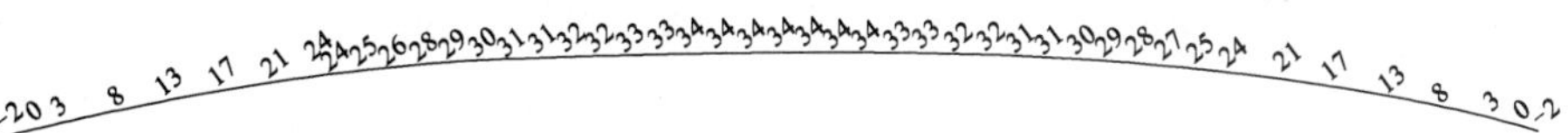

图 5-9 灾前恒载作用下挠度(单位:mm)

2)受灾后去除二恒并凿除受损混凝土

本阶段按最不利假设进行计算:不考虑受损混凝土(距顶缘 40cm 范围内混凝土)的强度与刚度,但考虑受损混凝土的自重。

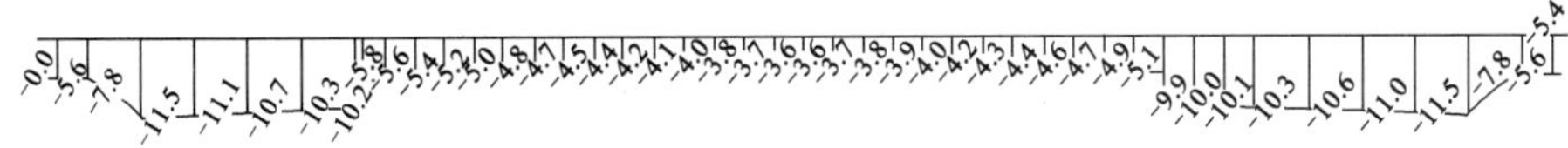

图 5-10 底缘应力(单位:MPa)

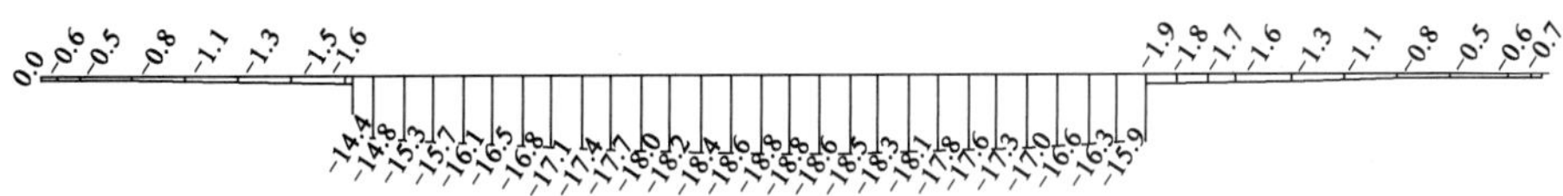

图 5-11 顶缘应力(单位:MPa)

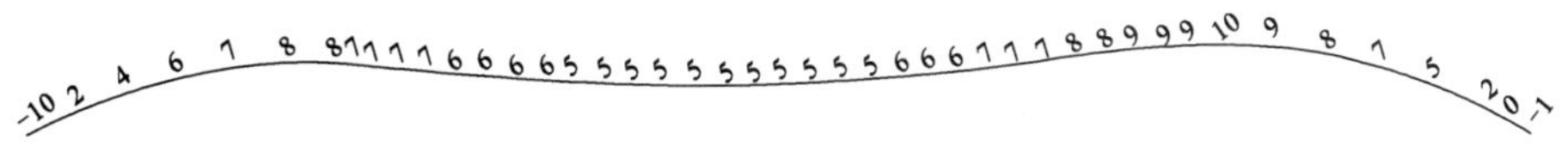

图 5-12 挠度(单位:mm)

3)凿除受损混凝土后顶升 66kN

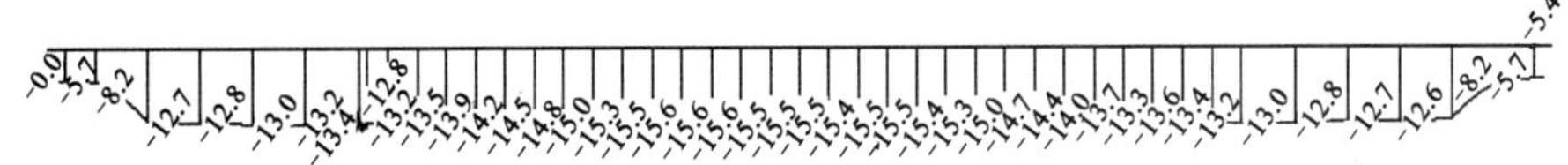

图 5-13 底缘应力(单位:MPa)

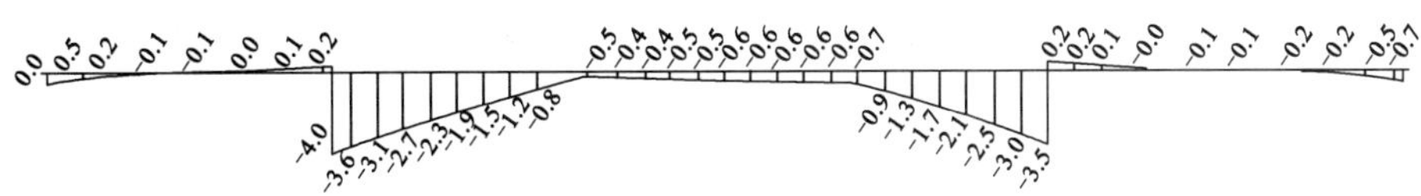

图 5-14 顶缘应力(单位:MPa)

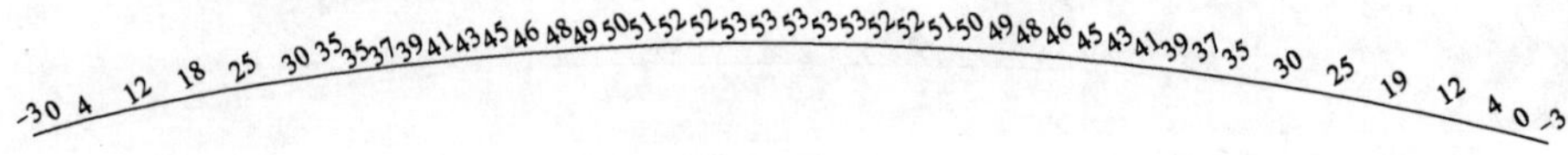

图 5-15 挠度(单位:mm)

4)浇注混凝土

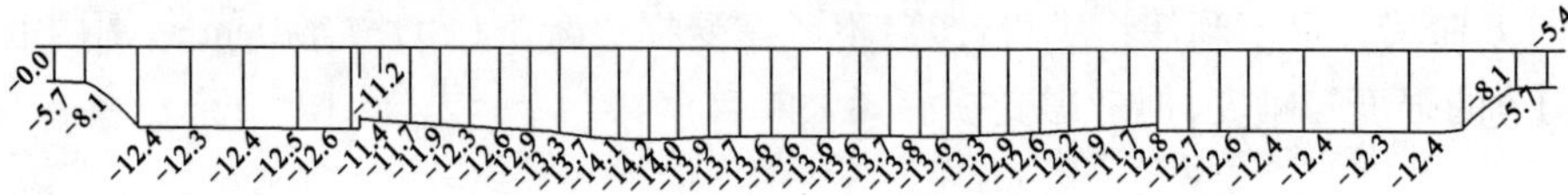

图 5-16 底缘应力(单位:MPa)

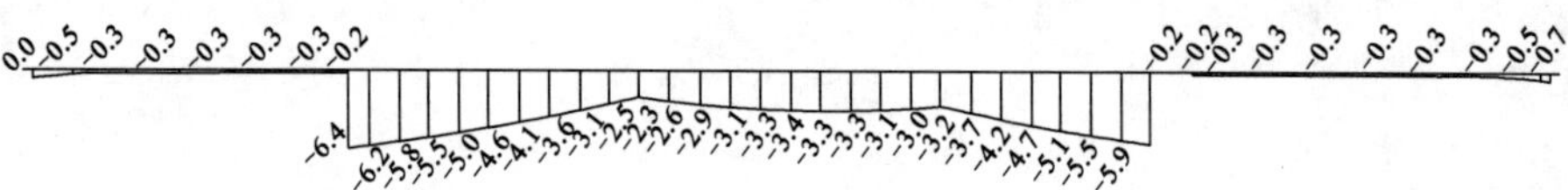

图 5-17 顶缘应力(单位:MPa)

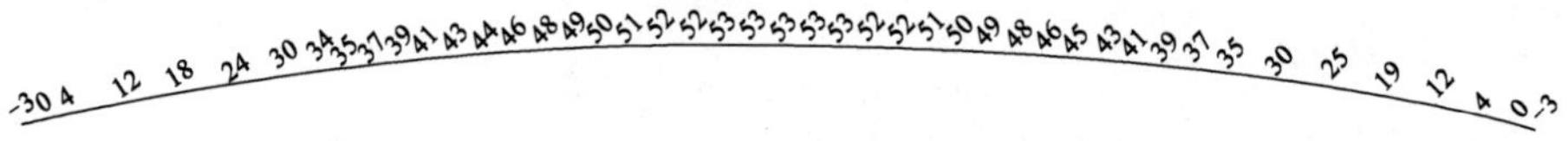

图 5-18 挠度(单位:mm)

5)加固完成时

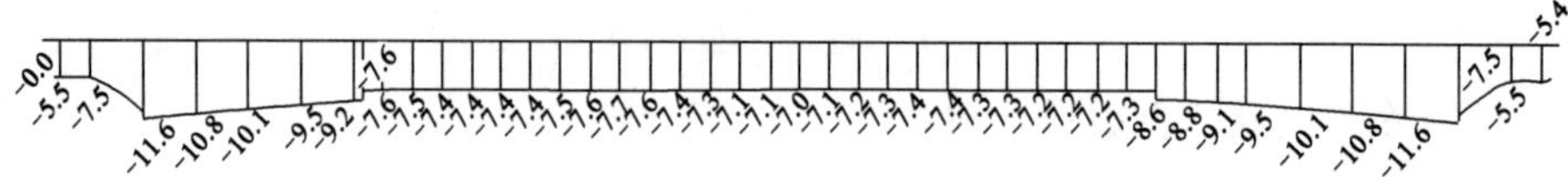

图 5-19 底缘应力(单位:MPa)

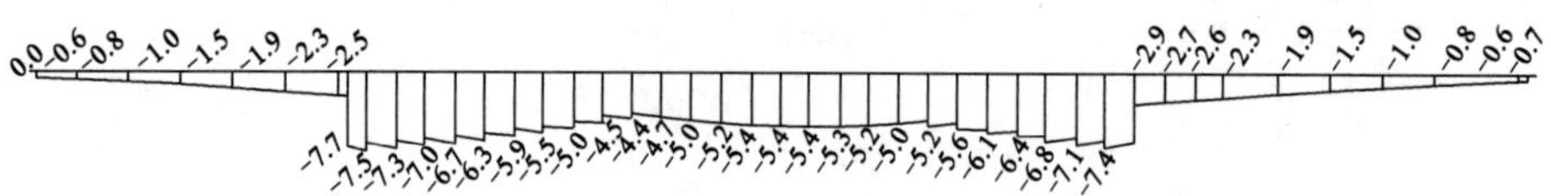

图 5-20 顶缘应力(单位:MPa)

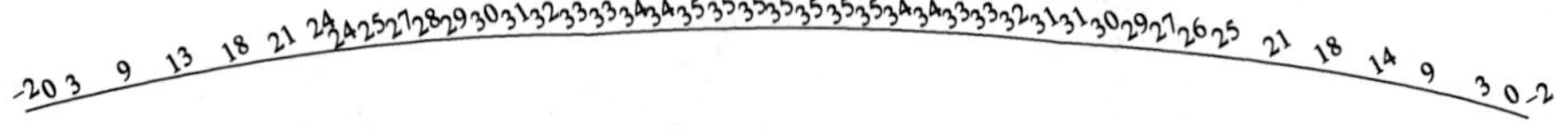

图 5-21 挠度(单位:mm)

6)加固完成后 10 年

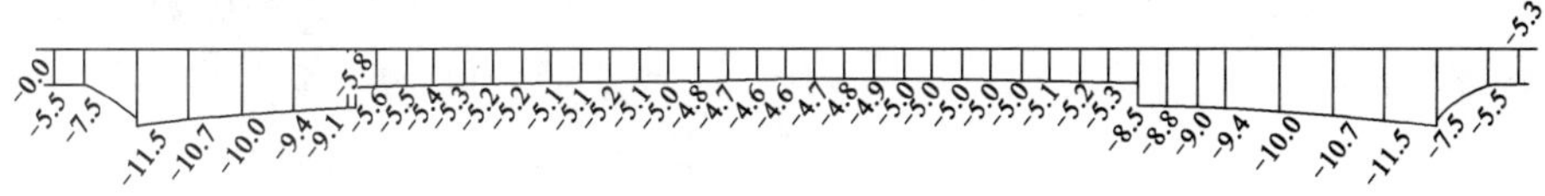

图 5-22 底缘应力(单位:MPa)

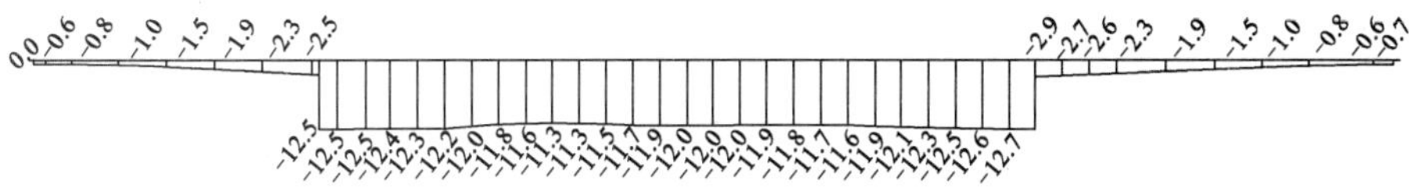

图 5-23 顶缘应力(单位:MPa)

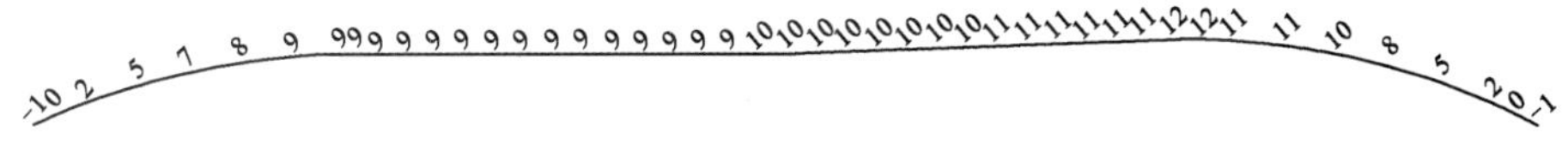

图 5-24 挠度(单位:mm)

5.3.2 施工过程预顶反力

根据设计计算结果,在加固过程中必须顶升 3 ~ 7 号梁。顶升梁体是加固的关键环节,必须完成顶升这一程序之后才能进行混凝土浇筑,顶升时机选择在支模和钢筋绑扎前。在正式顶升之前,需进行预顶升,确定一切工作正常后方可开始正式顶升。初步将顶升力拟定为 66 kN,在此荷载下,梁体跨中位移会上拱 16.6mm。待顶升到位后,采用临时支撑装置将梁体支撑在分配梁上。随着混凝土的浇注,在不考虑地基沉降、临时支墩变形及其他变形的情况下,千斤顶的力将自动增至最终设计顶升力,而实际中千斤顶的力可能不会达到最终顶升力,需要在混凝土浇筑完后、初凝前尽快将千斤顶的力调整至最终设计顶升力。顶升完毕后,混凝土养生期间应加强对梁体竖向挠度及各个千斤顶顶升力的监控,若发现下挠超过 2mm 或力值变化超过 2kN,应及时调整千斤顶反力。

5.3.3 梁底支架系统设计

底板支架系统的设计有两个方面的作用:一方面是为了在抢险加固期,对 T 形梁进行预顶,恢复顶板混凝土应力,确保安全性能;另一方面是为了在后期运营初期进行预防性加固。支架系统设计需考虑以下两方面的内容。

(1)地基基础设计。支架系统的底部可采用钻孔灌注桩、钢管桩或扩大基础,考虑到抢险的时间要求,设计采用条形扩大基础。条形扩大基础数量共两个,底纵桥向宽度为3.2m,横桥向宽度为13.2m,厚1.2m,两个基础的中心间距为6.8m,施工时先对地基进行开挖,人工夯实,然后铺设碎石垫层,在垫层上方铺设10mm厚钢板作为钢筋绑扎的底模,浇注C30混凝土形成条形基础。

(2)立柱设计。立柱设计采用钢立柱,立柱间采用横撑保持稳定性,柱顶设置分配梁用于布设千斤顶或支座。

5.4 混凝土清除方案

5.4.1 混凝土清除过程分析

受损区域为钢筋混凝土结构,全桥预应力钢束位于梁底区域而未受到损伤,考虑到混凝土强度损失过多,加固设计方案考虑清除顶板受损区域的混凝土,并采用特殊方式进行顶板混凝土的复浇,为了研究清除施工过程中梁体的细部应力状况,采用ANSYS建立三维实体模型对清除面与梁体应力、挠度关系的分析,图5-25为计算模型,荷载考虑结构自重与预应力。

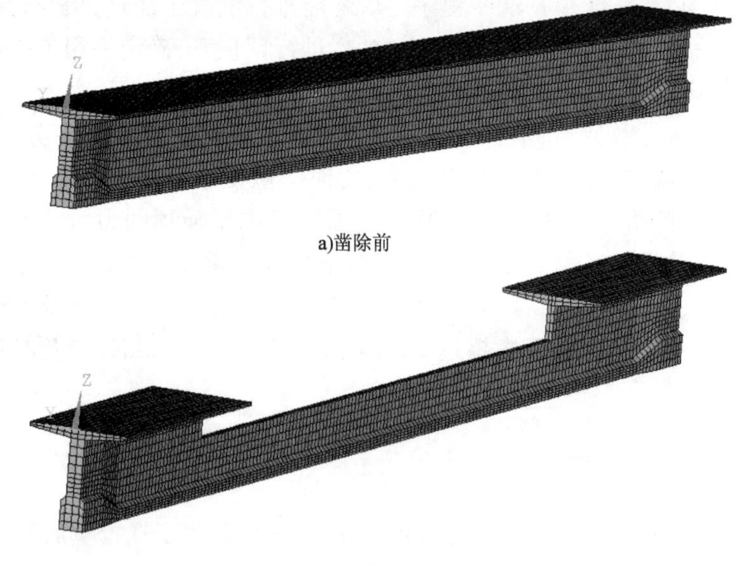

a)凿除前

b)凿除后

图5-25 混凝土单元网格图

清除时按照先清除翼缘，逐渐到腹板，然后由腹板向下进行清除，清除深度与挠度的关系以及清除深度与应力的关系见表5-2及图5-26、图5-27，其中清除深度为负值表示为凿除翼缘距离腹板中心的水平距离，清除面压应力为清除至相应位置时的压应力，主要计算结果如下：

(1)随着清除深度的加大，梁体先轻微上拱(最大上拱2mm)后下挠；当凿除深度为40cm时，梁体下挠1.6mm；当清除深度大于40cm后，梁体开始急剧下挠；当清除深度达100cm时，截面刚度损失过大，梁体下挠39mm，因此应避免清除深度超过40cm。

清除面与梁体应力、挠度的关系　　表5-2

清除深度(cm)	清除面压应力(MPa)	底缘压应力(MPa)	位移(mm)
-100	0.03	0.47	0.5
-75	0.08	0.73	1
-50	0.2	1.23	1.8
-35	0.33	1.56	2
-8.5	1.02	2.11	1.7
22	1.67	2.17	0.6
40	2.73	2.08	-1.6
60	4.56	1.77	-6.8
80	7.556	0.97	-17.4
100	12.47	-0.45	-39.1

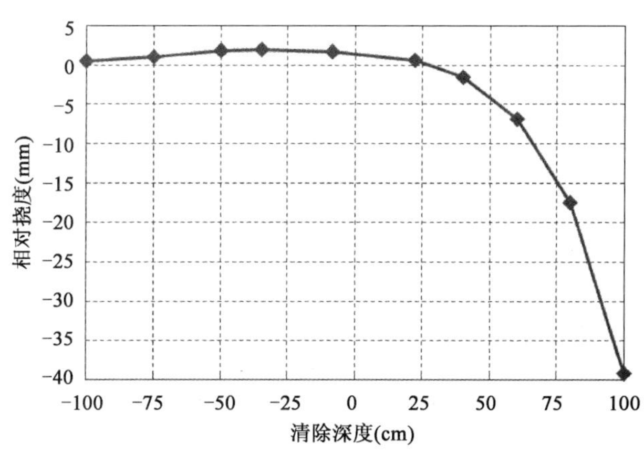

图5-26　清除深度与挠度的关系

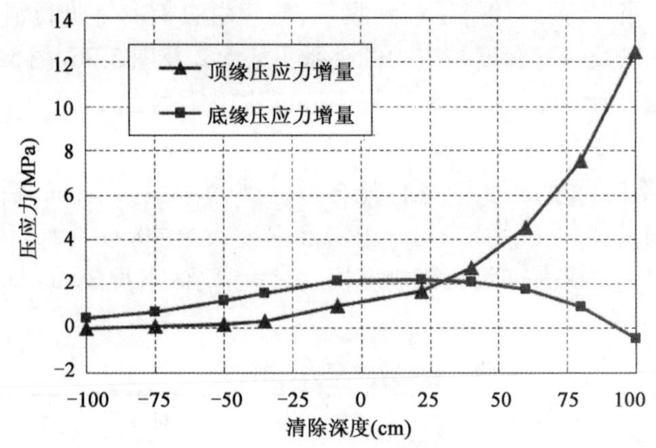

图 5-27　清除深度与顶底缘应力图

(2)随着清除深度的加大,底缘压应力先增大后减小,清除面的压应力则单调递增。当清除深度为 40cm 时,底缘压应力增大 2.1MPa,清除面压应力增加 2.7MPa。

5.4.2　翼缘与腹板的混凝土清除设计

翼缘与腹板由于受到火灾影响,混凝土受到较大损伤,致使强度明显丧失,清除的目的主要是清除强度不足的混凝土,超高压水切割是近年来引进的一种新型切割技术,主要是指利用超高压水(特指从 100MPa 到 280MPa)来去除一定厚度的混凝土表面。当表层混凝土被污染或损坏时,用超高压水可非常有效地去除混凝土表层而不伤及钢筋,便于重新浇注混凝土,使资源得到最大限度的利用。

高压水切割比传统方法更加快速高效;提供粗糙、不规则的表面,使重新浇注的材料具有更佳的附着力;可以按照需要去除指定的厚度;未损坏部分基本可以再次利用,节省资金;并不损坏钢筋框架;不会产生传统方法带来的表面裂纹;无振动带来的损害;产生的垃圾最少。本次抢险工程位于京港澳高速公路工程的咽喉位置,设备运输方便;距离黄河较近,取水方便;该位置交通流量大,必须快速完成切割,为此选用高压水切割方案作为混凝土清除的主要方案。高压水切割范围:宽度为梁体腹板正上方梁体 60cm 范围内,深度为顶板以下 40cm 的腹板位置,局部发生损伤的位置混凝土切割厚度不得小于 6cm。在水切割过程中,会产生大量的废水,为了避免废水汇聚对桥下临时墩扩大基础浸泡,在桥下设置临时蓄水池。

5.4.3　横隔板的切割设计

原桥梁体之间通过横隔板连接为整体式结构，为了方便后期千斤顶施加反力，并且不影响无损伤位置的梁体，需要解除梁体之间的横向联系、拆除受损T形梁与未受损T形梁之间的横隔板与铺装。待桥梁受损混凝土置换完毕之后，需重新焊接连接钢板，切割后留下的缝隙全部用灌缝胶灌注密实。钢板表面均匀涂抹一层环氧砂浆，厚度与原混凝土表面齐平。

5.5　置换钢筋混凝土的设计

为了方便混凝土的置换及保证置换混凝土的浇筑质量，新置换的混凝土相比原C50混凝土提高一个等级；为减小混凝土收缩徐变的影响，采用微膨胀型混凝土。综合上述因素，新浇注的混凝土设计为C55型微膨胀混凝土。为保证混凝土的浇筑质量应采用蒸汽养生等方法。具体如下。

（1）C55补偿收缩混凝土除应符合现行国家标准《混凝土质量控制标准》（GB 50164—2011）的规定外，还应符合设计所要求的强度等级C55、限制膨胀率（水中≥0.025%、水中14d转空气中28d≥－0.020%）、抗渗等级和耐久性技术指标。

（2）C55补偿收缩混凝土设计按照《补偿收缩混凝土应用技术规程》（JGJ/T 178—2009）、《混凝土结构耐久性设计规范》（GB/T 50476—2008）和《混凝土外加剂应用技术规程》（GB 50119—2013）的有关要求执行。

①膨胀剂掺量应根据设计要求的限制膨胀率，采用实际工程使用的材料，经过混凝土配合比试验后确定。配合比试验时，混凝土限制膨胀率应比设计值高0.005%。本工程进行C55补偿收缩混凝土试验时，膨胀剂参考用量40～60kg/m^3。

②C55补偿收缩混凝土的水胶比不宜大于0.32。水胶比大于0.50，不仅对补偿收缩混凝土的膨胀性能有一定影响，而且影响混凝土的耐久性。

③根据《混凝土外加剂应用技术规范》（GB 50119—2013），C55湿接缝补偿收缩混凝土胶凝材料最少用量为380kg/m^3。但胶凝材料中掺合料过多会降低膨胀性能，在配合比试验设计过程中需要根据选用水泥的品种、膨胀剂品种及强度等级等具体情况，适当调节胶凝材料中各组分的比例。比如在掺合料用量大的情况下，可以适当调高膨胀剂的掺量，确保设计要求的限制膨胀率。

④C55湿接缝补偿收缩混凝土的抗压强度应以标准养护28d的强度为准。

补偿收缩混凝土的抗压强度检验应按照现行国家标准《普通混凝土力学性能试验方法标准》(GB/T 50081—2002)执行。用于填充的补偿收缩混凝土的抗压强度检测,可按照《补偿收缩混凝土应用技术规程》(JGJ/T 178—2009)执行。

(3)C55 补偿收缩混凝土的施工应符合《补偿收缩混凝土应用技术规程》(JGJ/T 178—2009)的有关规定。

①应搅拌均匀。对预拌补偿收缩混凝土,其搅拌时间与普通混凝土相同,现场拌制的补偿收缩混凝土的搅拌时间应比普通混凝土延长 30s 以上。

②浇筑完成后,应及时对暴露在大气中的混凝土表面进行保水潮湿养护,养护期不得少于 14d。对水平构件,常温施工时,可采取覆盖塑料薄膜并定时洒水、铺湿麻袋等方式。

(4)混凝土厚度:为了确保置换后梁体的承载力不降低,将原桥面铺装的混凝土调平层改造为结构层,并且相应地加强钢筋布置。

(5)置换后的混凝土翼板承载力得到了一定程度的提高,为了避免重车碾压对旧梁的损伤,在新旧梁体的翼缘每隔 30cm 粘贴一道钢板。为了加强本跨所有梁体之间的横向联系,将本跨所有横隔板进行加固。

5.6 预应力补充

采用预顶的方式能消除大部分的不利影响,为了进一步恢复受损梁体的应力状态,需要在受损梁体的底板位置施加预应力荷载。施加预应力荷载的方式包括体外预应力和预应力碳纤维板,体外预应力需要设置混凝土锚块,构造复杂,施工周期长,而预应力碳纤维板有专用的夹具,施工便捷,且耐久性良好,因此选择预应力碳纤维板作为预应力补强措施。预应力碳纤维板的加载选在混凝土浇筑并且养生完成后。若只在受损梁体上张拉预应力,会使这些梁体与周边梁体变形不协调;同时,由于在加固施工中,横向联系的解除,防撞护栏自重更多地加载到边梁上,使边梁梁体下挠,故对全桥 8 片 T 形梁均张拉预应力碳纤维板。

5.7 耐久性加固设计

在第一阶段加固完毕之后,进行荷载试验以确定桥梁加固效果,并检测梁体腹板和横隔板的裂缝情况。如果荷载试验结果表明桥梁满足通行要求,可开放交通,之后在车辆限载或夜间车辆较少的条件下在梁体腹板上粘贴钢板。由于本项目为抢修工程，混凝土在未达到28d龄期的情况下就将通车，为避免在混凝土未到龄期就进行加载导致出现各种病害，在通车后，在反力支架系统上布设板式橡胶支座对梁体进行临时支撑，待通车一段时间之后，如梁体无病害出现，再将橡胶支座取下。

由于腹板局部被可燃物灼伤，强度有所损失，后期有存在开裂的可能，为此在原翼板空洞位置下的腹板采用粘贴斜钢板的形式进行加固，避免后期开裂。

5.8　小结

本章对刘江黄河特大桥北引桥起火后的加固设计进行了论述，主要结论如下：

（1）对于火灾后桥面受损的混凝土T形梁桥，清除局部混凝土顶板对剩余梁体的应力与承载力影响有限，清除腹板混凝土深度达到40cm以上时将出现明显应力变化。

（2）桥面起火后混凝土强度损失严重，高压水切割工艺能避免传统机械凿除对未破损区域混凝土的影响，并且具有施工速度快、环境污染小的优点。

（3）采用顶板置换法与多点反向支撑的设计方案对桥面过火桥梁进行加固能较好地将受损桥梁恢复至原有应力状态，并具有较好的安全性，施工工期与换梁方案相比大大加快，是一种简单高效的抢修方案。

（4）抢修加固设计采用两阶段施工方案能较好地满足抢通及后期耐久性双方面的要求，值得在抢修工程设计中推广。

第6章　火灾后混凝土桥梁的施工技术

快速、安全地完成加固施工是抢险工程的目标,为保证刘江黄河特大桥抢修工程在最短时间内顺利完成,该项目所采用的技术和工艺中除混凝土水力破除技术外,其余尽可能采用有效的常规施工技术,避免出现新技术的磨合期,提高抢修速度,本章通过介绍主要施工步骤及工艺、施工组织及技巧性工艺等内容,展示抢修项目实施的全过程。图6-1所示为刘江黄河特大桥北引桥火灾后抢修的工艺流程图。

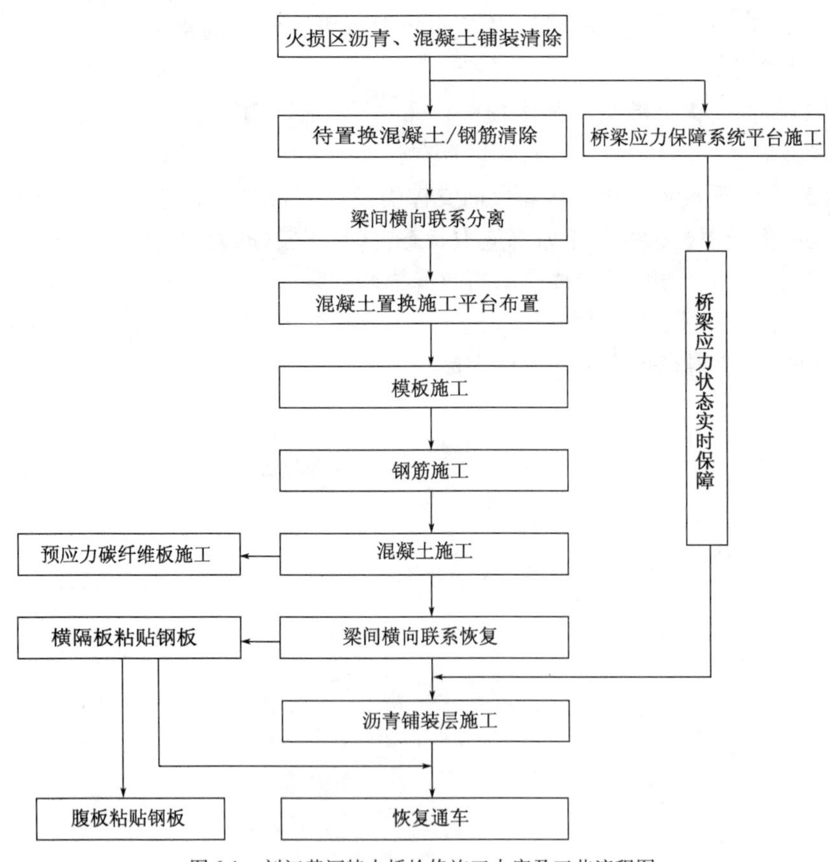

图6-1　刘江黄河特大桥抢修施工内容及工艺流程图

6.1　火损区铺装层清除

火损区域沥青、混凝土铺装层清除施工与火灾后桥梁各部位(沥青铺装、混凝土铺装、铺装层内钢筋、梁顶板混凝土)损伤状况的检测工作同步进行,根据检测情况确定清除范围及深度,本项目沥青铺装层施工采用马路切割机、空压机、风镐等机具配合进行破除作业,部分破损严重的混凝土铺装层采用空压机+风镐等机具进行破除作业。

6.2　桥梁应力保障系统平台施工

桥梁应力保障工作由布置在梁底的2套(每套配10台100t千斤顶,其中1套备用)PLC同步顶升系统承担,应力保障系统平台即PLC同步顶升系统施加反顶时的工作平台,主要由条形基础、钢管立柱、纵横向连接系、分配梁等组成。

条形基础采用C30钢筋混凝土,为满足快速施工的要求,在基坑坑底压实后满铺10mm厚钢板以代替砂浆垫层,避免凝固期占用主工期线路。立柱采用ϕ630×12mm规格钢管桩,通过条形基础顶面布置的钢板预埋件与条形基础保持有效连接,管柱顶设置钢板盖板,盖板上布置顺桥向分配梁。管桩间通过2片[20b槽钢作为纵横向连接系进行连接,通过连接钢板与管柱间满焊形成有效连接。分配梁布置在钢管柱顶盖板之上,采用2片HN700×300型钢通过间断焊连接为一道分配梁,分配梁与盖板之间的空隙采用薄钢板、盘圆钢筋塞垫并焊接。临时支撑系统主要布置图如图6-2、图6-3所示。

桥下部分的施工内容主要为安装作业,由于本项目的特殊性,所有钢结构安装均在桥下有限净空内进行,分配梁与桥梁T形梁底间的净空仅为0.6m,如果采用常规在桥下布置吊机进行施工的方式,吊装作业的空间保障无法实现,而布置横向滑道,借助滑道拖拽安装分配梁的方法,其安装和焊接工作量较大,不能有效保障工期。因此采用桥上布置吊机,通过梁体翼板清除后留下的空间由下向上将分配梁吊至柱顶高度完成竖直方向上的初就位,由布置在侧方T形梁上的倒链、游绳将分配梁横向牵引至柱顶正上方完成水平方向上的初就位,然后由钢管柱正上方T形梁上布置的倒链,吊拉分配梁并逐步承担分配梁自重完成受力转换,最后由人工调整倒链将分配梁安全落至钢管柱顶,完成最终就位。分配梁安装施工现场如图6-4所示。

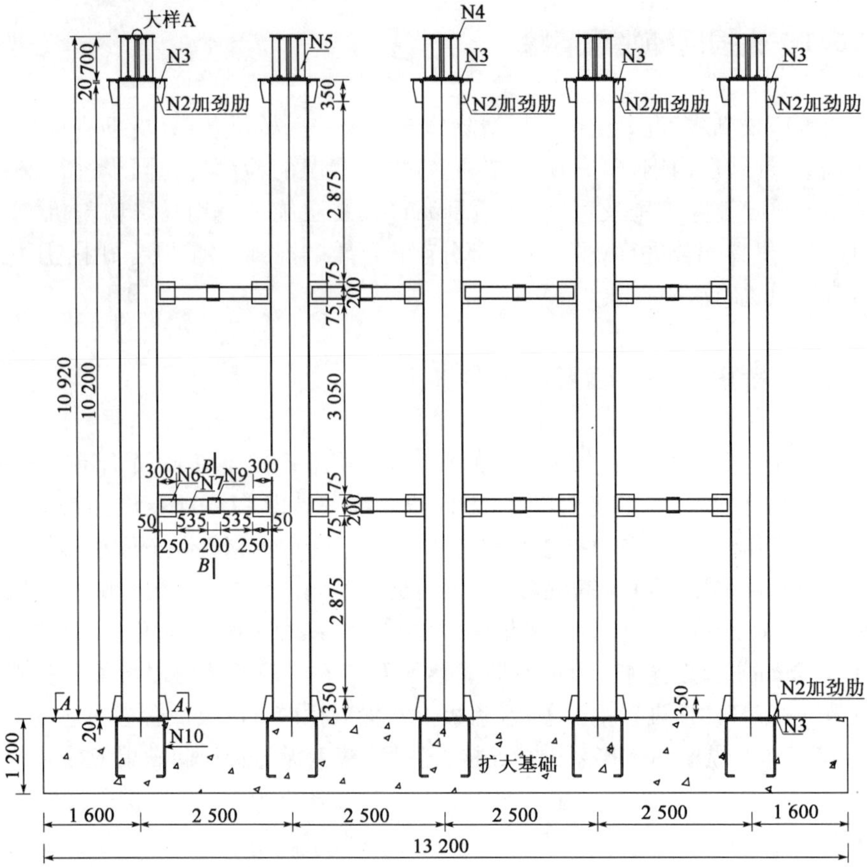

图 6-2　临时支撑系统设计图(尺寸单位:mm)

图 6-3　临时支撑系统现场图

图 6-4　临时支撑系统分配梁安装

6.3 受损区混凝土清除

受损区混凝土清除以高压水破除为主、人工破除为辅，清除区域为18.14m×11.03m，清除深度为自混凝土铺装层顶向下46cm（含混凝土铺装层），该清除深度范围包括混凝土铺装层、T形梁翼板和T形梁腹板的一部分，如图6-5和图6-6所示。

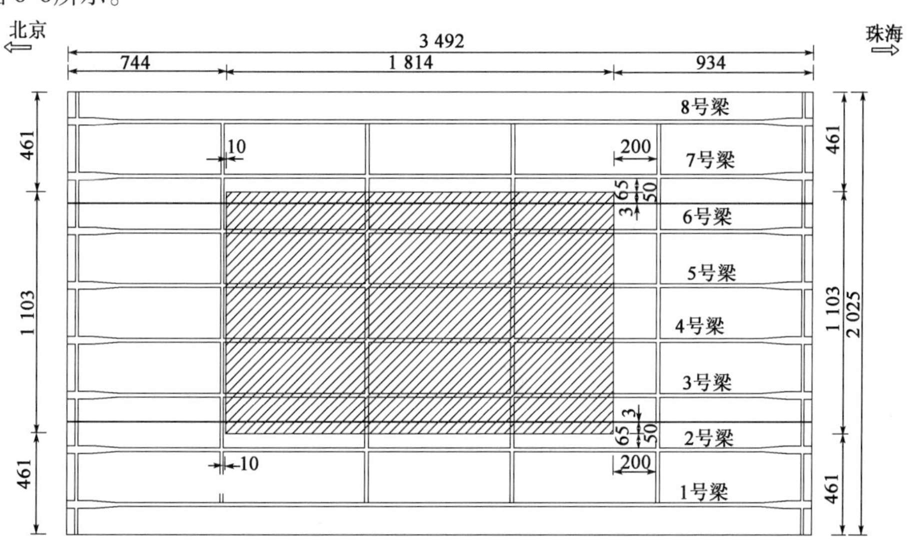

图6-5 受损区混凝土清除平面示意图（尺寸单位：cm）

6.3.1 水力破除混凝土技术特点

混凝土水破除技术原理是用高压水在多微孔隙的混凝土内部生成高于混凝土抗拉强度的张力，使混凝土破碎并将其从钢筋上剥离。该技术有以下几个主要特点。

（1）效率高。水力破除技术在针对C50混凝土进行破除作业时，其工作效率约为$1m^3/h$，是传统人工破除效率的15倍以上。

（2）破除精度高。采用水力破除混凝土，可控制毫米级破除深度，与风镐等机械破除装置相比，破除精度更易控制。

（3）无振动切割不会造成二次损伤。水力破除混凝土施工过程中基本无振动，因此破除区域附近结构不会产生裂纹等附加损伤。

（4）破除效果良好。破除后的混凝土形成洁净、凹凸有致的毛糙界面，无须再次凿毛，是理想的新旧混凝土结合面。

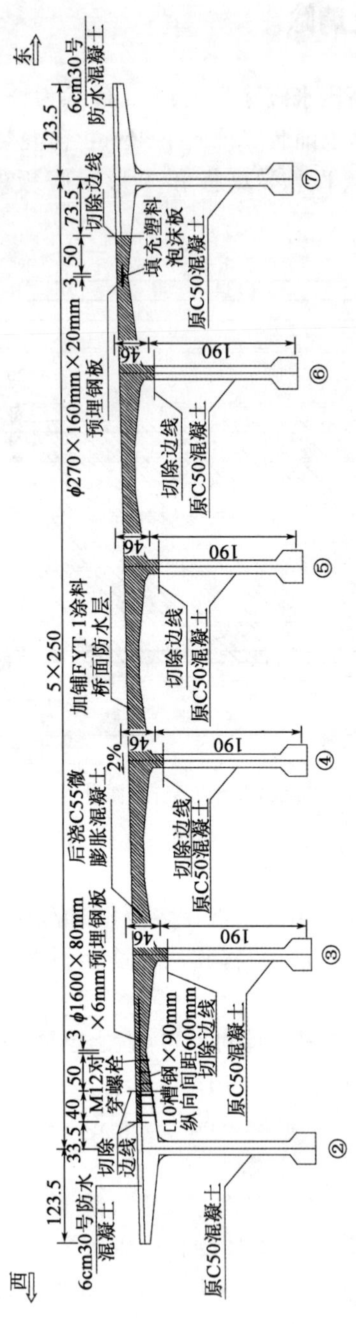

图6-6 受损区混凝土清除立面示意图（尺寸单位：cm）

(5)施工过程无粉尘,环保效果好。

水力破除的主要施工机具分为供水车、水力破除机器人、超高压泵车三个部分,如图 6-7 ~ 图 6-9 所示。

图 6-7　供水车

图 6-8　水力破除作业机器人

图 6-9　水力破除作业超高压泵车

水力破除混凝土效果如图 6-10、图 6-11 所示。从图中可以看到,由于控制了水压,混凝土与钢筋实现了有效剥离,未受损钢筋得以完整保留,钢筋表面的部分缺陷被打磨,并且未进行水切割位置的混凝土未受到损伤。

图 6-10　水力破除混凝土现场

图 6-11　水力破除混凝土效果

6.3.2 综合切割法

采取水力清除混凝土技术方案，施工效率较传统混凝土破除方案得到明显提高，但完全采用水力破除法对于水力破除作业机器人的站位要求高，对于非重要位置比如需要完全破除的混凝土翼缘板是不必要的，在完成局部与整体的分离后，对于局部可采用常规的机械切割方式整体去除，即通过综合水力切割与传统切割可以实现多个作业面同时施工，最大化提高混凝土破除效率。施工方案为：对置换范围内的混凝土分区域进行处置，通过水力破除的方式清除受损混凝土与梁体腹板和横隔板的连接，通过该过程将待清除的大面积、大质量、整片混凝土分割为数个相对独立的类板形结构单元，这些类板形单元与原桥梁构件间通过水破除后留下的钢筋进行连接，然后一一切除每一个单元与周围结构的钢筋连接，并由大吨位吊机逐块吊至桥下。这种先拆除受损混凝土与结构的连接，后用吊装方式拆除翼缘板的格构式拆除方法，可称为“格构式拆板吊卸法”，将原本缓慢的大量混凝土破除工作转换为部分混凝土破除 + 简易的混凝土板拆卸工作，从而大大减少了现场混凝土的清除工作量，有效缩短了施工工期。施工过程如图 6-12 所示。

图 6-12　格构式拆板吊卸法施工

6.3.3 施工重点

格构式拆板吊卸法施工的目标在于“拆”，关键和重点却在于“吊”。在水力破除完成板单元的分割后，剩余混凝土形成 15 块“桥面板”，与原有腹板、横隔板无混凝土连接，其自重全部由水破除后剩余的与周围桥梁结构相连的钢筋网承担，即 15 块“桥面板”全部悬挂在钢筋网上，如图 6-13、图 6-14 所示。

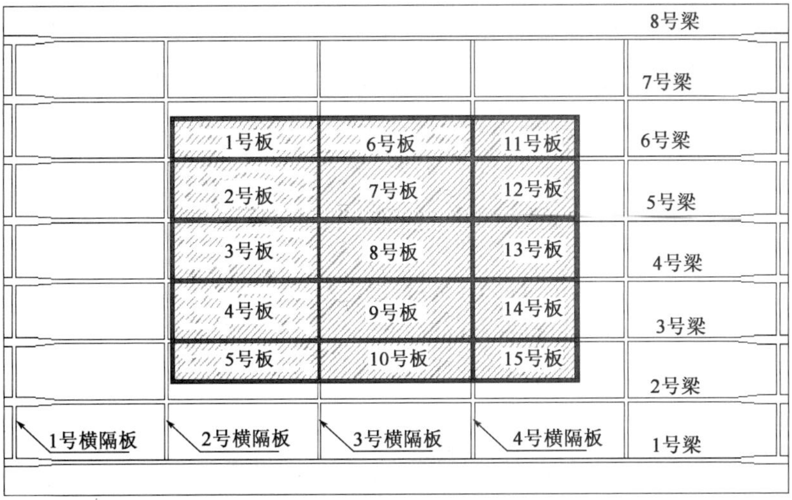

8号梁
7号梁
1号板 6号板 11号板 6号梁
2号板 7号板 12号板 5号梁
3号板 8号板 13号板 4号梁
4号板 9号板 14号板 3号梁
5号板 10号板 15号板 2号梁
1号横隔板 2号横隔板 3号横隔板 4号横隔板 1号梁

图6-13 格构式拆板吊卸法作业分块示意图

图6-14 格构式拆板吊卸法作业分块现场

在桥面板被逐块吊走的过程中，承受这些“桥面板”自重的钢筋不断被切割，当第一排1～5号板被吊卸完毕后，剩余6～15号桥面板的顺桥向钢筋连接(即顺桥向承重钢筋)仅只剩一端约束，当6号板(或11号板)被吊卸走后，则本排剩余的4块板(第二排的7～10号板或第三排的12～15号板)的横桥向承重钢筋将损失一端约束，若顺桥向、横桥向承重钢筋同时失去一端约束，易出现剩余钢筋无法承担混凝土板自重而造成混凝土板跌落的安全事故。因此，在逐块吊卸板的过程中，如何保证剩余每块板始终保持有效的剩余承载力，成为整个混凝土拆除过程中关键的一环。

鉴于以上潜在的风险，必须保证在整个吊卸过程中每块板的顺桥向或横桥向钢筋始终保持与周围结构的有效连接，在兼顾施工安全与施工进度的情况下，经分析确定切割原则为“切割横向，保留纵向”，即确保每块板在被吊卸前纵桥向钢筋始终处于有效承重状态。具体做法为：在水破除横隔板混凝土时，翼板与横隔板间连接部位的混凝土在深度方向仅进行部分破除，存留部分混凝土用来握裹足够数量的顺桥向承重钢筋，待“桥面板”全部吊卸完毕后再人工凿除此部分少量混凝土，确保每块板在吊卸全过程中始终保有顺桥向钢筋处于有效受力状态。如图 6-15 ~ 图 6-18 所示，其中图 6-15 与图 6-16 为水力破除后的施工状态，图 6-17 为混凝土吊卸过程，图 6-18 为顶板拆除完毕后的状态。

图 6-15　横隔板处水力破除施工(一)

图 6-16　横隔板处水力破除施工(二)

图 6-17　混凝土板吊卸作业

图 6-18　受损混凝土清除完成

6.4 梁体顶升状态实时保障

混凝土被清理后,被置换梁体的截面特性发生较大变化,梁内应力分布状态与破除混凝土前以及其他未受损的梁体受力均不一致,为保证加固完成后各梁均处于理想受力状态,按照设计要求,需在施工过程中对待加固梁体按照不同状态设置顶升力,顶升力具备可实时调整性,以保证施工过程中该梁体的内力处于可控范围。

6.4.1 梁体顶升力实时保障

梁体顶升力实时保障的具体措施为:在被置换梁体下方的钢管柱平台上布置1套PLC同步顶升系统并配备10台100t千斤顶,每片被置换梁体下布置2台千斤顶,安放位置选择在梁体与横隔板连接处,通过对梁体施加有针对性的反顶力来调整梁体内部应力状态。各梁体的应力、位移状态通过对PLC同步顶升系统进行参数设定调节,当梁体应力或位移变化超出限值时自动予以补顶或发出警报,参数设置由数值分析数据获得,并通过桥梁实时监控数据结果进行对比验证。

梁体顶升力保障系统工作自拆除混凝土顶板开始,在钢筋模板施工、混凝土浇筑完成、恢复梁体间横向联系、沥青铺装层铺筑完成后结束,对顶升力的控制和梁体各阶段受力均有影响,必须保证各梁体的应力和位移状态变化处于可控范围,为防止在施工过程中出现意外,在顶升力保障平台上布置备用PLC及千斤顶系统,并配置备独立电力供应系统一套。顶升状态实时保障系统如图6-19、图6-20所示。

图6-19 PLC同步顶升系统

图6-20 应力保障系统布置现场

根据顶升力实时保障工作的目标和性质,在施工期间要求待置换混凝土的4片梁体新增的钢筋、混凝土自重及相关的施工荷载尽可能仅由PLC同步反顶

系统承担,具体表现在两个方面:

(1)PLC 系统在工作时仅承担待置换梁体上的荷载,杜绝周围未置换梁体由于横向联系带来的影响。在 PLC 系统工作期间,应断开未置换梁体与置换梁体间(2~3 号梁、6~7 号梁)的横向联系,由于翼板连接已在水力破除阶段断开,在此特指断开横隔板间连接,并在梁体混凝土置换完毕后、全桥通车前予以恢复。

(2)在待置换梁体进行新增钢筋、混凝土施工时,其新增恒载及施工荷载必须全部由 PLC 反顶系统承担,以便于 PLC 反顶系统能够更准确地得到来自梁体的荷载反应,并能对梁体施以更精确的反顶和实时顶升力调整。在新增钢筋混凝土施工过程中,传统的满堂支架方案或管桩支架模板方案存在支架系统分担荷载的问题,导致受力不明确,因此传统的模板支架方案不能采用,合理的模板支架方案必须使支架既能承受模板、钢筋、混凝土、施工荷载的自重,又必须保证这些荷载最终传递至 PLC 系统。

6.4.2 实施方案

1)梁体间横向联系分离及恢复

待置换梁体与未置换梁体间横隔板连接采用绳锯进行切割,切割机具与切割后的状况如图 6-21、图 6-22 所示。

图 6-21 绳锯作业

图 6-22 横隔板分离完成

在混凝土置换工作完成后,横隔板粘贴钢板施工开始前,先进行梁体间横向联系恢复工作,主要恢复措施为:先对已分离的横隔板间连接钢板进行焊接,然后绳锯切缝内空间、连接钢板里外层混凝土碎落后形成的空腔或缺损均用简易小模板、灌注灌浆料的形式进行恢复,如图 6-23 所示。

图 6-23　横隔板连接恢复

2）模板支架问题的解决

由于无法采用传统满堂脚手架或钢管支架方案，现场施工采取了马蹄上搭设支撑及操作平台的方案，即在T形梁马蹄处由下至上方向依次布置横向槽钢、竹胶板、纵向槽钢、钢管支架作为模板施工的支撑支架，梁体施工期间的新增荷载及施工临时荷载通过模板、方木、钢管支架、纵向槽钢、竹胶板、横向槽钢、T形梁马蹄、千斤顶传递至应力实时保障系统。现场具体施工布置情况如图6-24、图6-25所示。

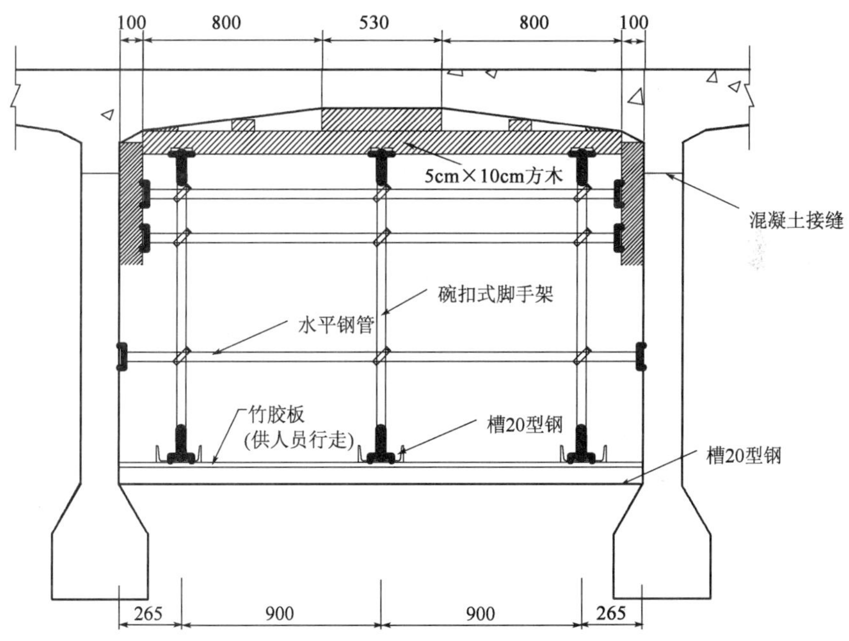

图 6-24　模板支架平台布置图（尺寸单位：mm）

图6-25 模板支架的布置

6.5 模板、钢筋、混凝土施工

6.5.1 模板施工

模板支架平台完成后,按照正常施工程序安装方木、竹胶模板,为防止模板支架不均匀沉降造成混凝土开裂,采取了以下几个措施:

(1)在浇筑混凝土厚度较小的情况下,加密钢管支架间距,按照60cm×90cm间距进行布置,同时支架平台的横向槽钢、纵向槽钢的间距分别也按照60cm、90cm布置,保证每根支架钢管的底托坐落在纵横向槽钢的交叉点而非平铺竹胶板上。

(2)安装模板时,仔细检查顶托、方木、模板的密贴情况,并及时调整。

(3)钢管支架和模板安装完成后、混凝土浇筑过程中安排专人检查支架顶托、平撑的松紧程度并及时调紧。模板施工情况如图6-26所示。

6.5.2 钢筋施工

模板工程完成后,按照设计要求安装钢筋。设计方案为原T形梁翼板钢筋和混凝土铺装层钢筋同时安装并同时浇筑混凝土,置换区域新增钢筋与周围结构钢筋保证焊接质量。由于水力破除腹板混凝土时破除深度有可能出现少量局部深度不一的情况,可能会影响腹板与翼板倒角内钢筋的安装,在加工钢筋时制备了少量的非标准尺寸钢筋以供意外之需。钢筋安装施工情况如图6-27所示。

图6-26　模板施工

图6-27　钢筋施工

6.5.3 混凝土施工

置换混凝土采用较原强度等级高1个等级的C55微膨胀早强混凝土，梁体部分混凝土和铺装层混凝土选择在低温时段一次性完成浇筑。为保证新旧混凝土的良好结合，在混凝土浇筑前，在所有新旧混凝土结合面喷涂界面胶，界面胶喷洒施工如图6-28所示。本项目实施过程中采用的界面胶是一种喷涂于新旧混凝土连接面用于黏结的流质胶液，可在水下和潮湿环境下作用。所用法施达(大连)工程材料有限公司AY/HY133LP界面胶力学性能参数见表6-1。

由于混凝土浇筑方量较小且强度等级较高，为保证浇筑顺利，采用料斗配合吊机布料、人工振捣的方式进行浇筑。浇筑施工现场如图6-29所示。

图6-28 界面胶喷涂作业

图6-29 混凝土浇筑

AY/HY133LP界面胶力学性能参数表 表6-1

抗拉强度	38MPa	与混凝土正拉黏结强度	4.7MPa
劈裂抗拉强度	8.5MPa	与混凝土剪切黏结强度	39MPa
受压弹性模量	23 100MPa	钢—钢抗拉剪结合力	14MPa
伸长率	1.6%	钢套筒—钢筋抗拉剪结合力	18.4MPa
抗弯强度	52MPa	线性热膨胀系数	29×10^{-6}m/(m·K)
抗压强度	95MPa	无约束线性收缩	0.005%
钢—钢拉伸抗剪强度标准值	20MPa	90d湿热老化抗剪强度下降值	3%
钢—钢黏结抗拉强度	34MPa	不挥发物含量	99%

为保证混凝土尽早达到设计强度，混凝土养生采用多种养生形式相结合的方式，混凝土表面采用覆盖土工布、草栅、彩条布并洒水养生，混凝土下模板支架

中布置煤炉架热水进行补温、蒸汽养生，在此情况下混凝土同养试块5d抗压强度即达到50MPa以上。混凝土养生见图6-30，混凝土拆模后见图6-31。

图6-30　混凝土养生

图6-31　混凝土拆模后

6.6　预应力碳纤维板张拉施工

预应力碳纤维板粘贴、张拉施工、腹板粘贴钢板施工均采用了钢管脚手平台。预应力碳纤维板粘贴及张拉施工按照放线钻孔→安装张拉支撑底座→混凝土表面打磨清洁处理→碳纤维板及张拉装置组装→调制并涂抹碳板胶→碳板分级张拉→持荷观察→完成张拉。碳纤维板粘贴和张拉施工如图6-32～图6-35所示。

图6-32　安装张拉支撑底座

图6-33　张拉作业(一)

图 6-34 张拉作业(二)

图 6-35 张拉作业(三)

6.7 粘贴钢板施工

横隔板粘贴钢板、腹板粘贴钢板施工采用钢管搭设满堂支架操作平台,横隔板及腹板粘贴钢板加固施工工艺按照设计图纸和《公路桥梁加固施工技术规范》(JTG/T J23—2008)进行,现场进行横隔板及腹板粘贴钢板施工情况如图 6-36、图 6-37 所示。

图 6-36 横隔板粘贴钢板

图 6-37 腹板粘贴钢板

6.8 沥青铺装层施工

施工现场采用热喷 SBS 改性沥青同步碎石防水黏结层，主要由 SBS 改性沥青和碎石组成。其中桥面防水黏结层改性沥青用量 1.8 ~ 2.2 kg/m^2。铺设防水黏结层前，应喷洒透层油，用量为 0.8 ~ 1.0kg/m^2，其中沥青含量为 50%。同步碎石封层主要依靠黏结料将碎石黏结在一起，形成整体。考虑到本项目所在地区夏季温度高、炎热，冬季温度低、严寒的环境条件，改性沥青黏结料性能的好坏对碎石封层抵抗高温和低温影响具有极其关键的作用。为了增强与碎石的黏结力，提高对温度等环境影响的抵抗作用，同步碎石封层黏结料采用 SBS I-D 型改性沥青，洒布量为 1.8 ~ 2.2kg/m^2。现场沥青层铺装层施工如图 6-38 所示。

图 6-38　沥青层摊铺施工

6.9 抢修工期分析

本次抢修工程未采用换板方案而选择了局部修补方案，施工上尽可能采用了快速、安全和具备操作性的工艺，实现了 15d（不考虑养生期）完成混凝土的清除与重新浇筑，表 6-2 所示为第一阶段抢救性修复过程的工期表。完成表 6-2 的施工工序，沥青铺装层达到要求后，现场通过荷载试验检验，3 月 25 日具备了通车条件，在获得行政主管单位审批通过后，现场于 3 月 25 日 12 时开放交通（图 6-39），第一阶段加固工作也即结构性抢修工作在 25d 内完成了设计施工全部作业，比承诺的一个月总工期提前 5d 完成。半年后现场进行复检，桥梁状况良好，图 6-40 为通车半年后的状况。

施 工 工 期 表　　　　表 6-2

序号	项　目	2月		3月																								
		28	29	1	2	3	4	5	6	7	8	9	10	11	12	13	14	15	16	17	18	19	20	21	22	23	24	25
1	火灾扑救																											
2	方案与施工图设计																											
3	临时道路与前期准备																											
4	扩大基础施工及养生																											
5	切割混凝土施工																											
6	支架及平台施工																											
7	实时支质																											
8	分离横隔板																											
9	马蹄支架及模板施工																											
10	钢筋施工																											
11	混凝土浇筑及养生																											
12	预应力碳纤维板施工																											
13	沥青摊铺																											
14	恢复横隔向联系																											
15	荷载试验																											

注:表内所示施工内容均为现场施工工作内容,耐久性加固部分未列入。

图 6-39　通车当天状况

图 6-40　通车半年后状况

第 7 章　抢修加固中桥梁施工监控及加固后技术评价

京港澳高速公路刘江黄河特大桥桥梁抢险加固工程的施工监控,先按照桥梁加固施工步骤建立数值模型,然后现场根据实际施工过程的特征进行修正,通过监测数据与计算数据的对比,控制抢修过程的安全性,并通过后期的持续监测和荷载试验确定后期加固效果,也即加固后效果评价。

7.1　桥梁抢修工程施工监控

桥梁监控的主要目的是要保证桥梁在施工过程中的安全,对于抢修工程需要采用全程实时性监测以满足安全性和时间性要求,首先以设计的桥梁状态为目标,按照各项设计参数确定每一施工步骤应达到的分目标,建立施工过程跟踪分析程序,并获取实际施工中结构的变形和应力等数据,根据实测数据分析和调整各控制参数,重新确定以后各施工步骤的分目标,建立新的跟踪分析程序,通过反馈计算分析预报施工中的不利状况,确保桥梁加固施工过程中对桥梁主体结构内力和线形的影响可控。

7.1.1　施工监控的意义

首先对结构设定应力及位移的预警值,在施工的整个过程中,不间断地利用仪器对梁体的变形进行实时监测,判断结构是否处于安全状态以及是否需要采用临时应急措施。在维修加固的施工过程中,由于施工荷载的变化、混凝土质量的误差、结构弹性模量的变化、温度的变化、结构体系调整以及混凝土的收缩与徐变等均会影响结构的变形和内力,而这众多的因素在设计阶段是无法准确确定的,这些因素的改变均可能引起结构线形与内力的改变。为了使施工能按照设计目标进行,确保施工安全并最终达到设计的理想状态,通过对每个工况实施全过程的跟踪监测,确保施工中结构的安全、变形改善、内力分布合理,使维修后原桥的各项指标满足要求,确保桥梁施工安全和后期正常运营。

7.1.2 施工监控的内容

根据本项目具体情况及设计思路,确定如下三方面的监测内容。

(1)施工全过程的梁体安全实时监测,内容包括主梁挠度监测、主梁应力监测、主梁病害(裂缝)发展情况监测。

(2)临时墩扩大基础沉降量监测,内容包括最大沉降量观测、沉降速率(稳定)观测、顶升期间的基础沉降及安全监测。

(3)桥梁顶升监测,内容包括顶升力监测、顶升同步性监测、梁体顶升位移监测。

7.1.3 施工全过程的梁体安全实时监测

在过火桥梁跨中位置截面(过火破损位置截面)和 $L/4$ 截面 T 形梁底布置应变计和位移计实时监测桥梁的受力和变形状况,同时在 10 号墩、11 号墩位置处受火严重的梁底各布置 2 个支座沉降测点。T 形梁挠度监测重点为受火灼伤的 5、6 号梁。

测点编号:主梁从西向东依次编号 1 ~ 8 号,挠度测点编号 D1-1 ~ D1-8 号、D2-1 ~ D2-8 号,应变测点编号 S1-1 ~ S1-8 号、S2-1 ~ S2-8 号。支座沉降测点编号 D10-1 ~ D10-2 号和 D11-1 ~ D11-2 号。

1)主梁挠度监测

挠度实时监测主要通过对跨中及 $L/4$ 跨梁底布设位移计来实现,挠度测试截面和测点布置如图 7-1、图 7-2 所示。若监测主梁下挠值超过理论计算限值时,立即进行预警、停止施工并检查原因。

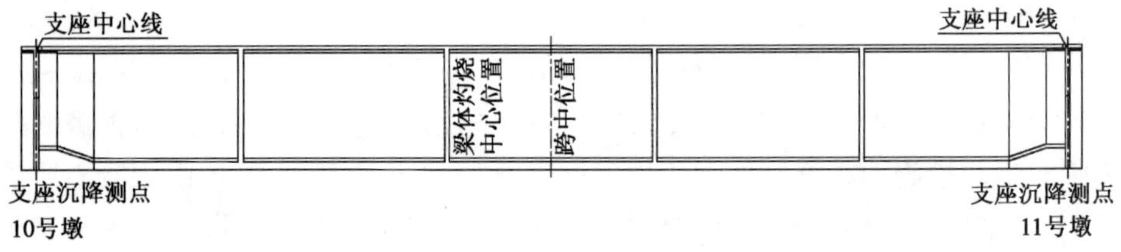

图 7-1 挠度及应力监测断面布置示意图

2)主梁应力监测

应力测试断面和测点布置原则主要考虑维修加固施工过程中和加固完成后成桥阶段状态的最大正、负弯矩截面;力求截面对称,以增加结果的可对比性,便于分析。

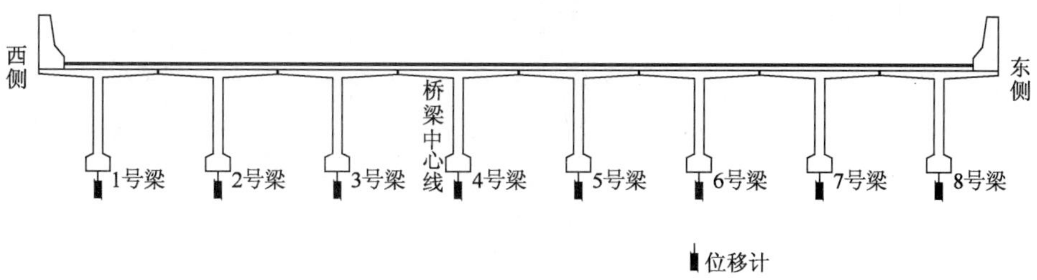

图7-2 挠度测点布置示意图

应力监测主要通过黏附在结构重点部位的应变片(计)进行实时监测,应变片(计)主要通过结构变形参数来推算,若经推算出的结构应力值超过结构应力限值时,立即进行预警、停止施工并检查原因。

整个抢险过程中主梁的应力都在变化当中,在跨中及 $L/4$ 跨主梁梁底马蹄处布置应变计来观测主梁应力。应力测试截面和测点布置如图7-1、图7-3所示。

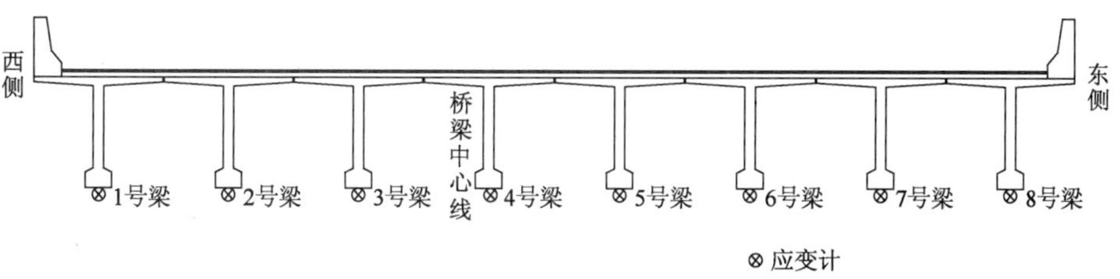

图7-3 应变测点布置示意图

3)主梁裂缝观测

当桥梁局部的应力超过该部位的受力限值时,该处就会产生裂缝。在桥梁抢险施工过程中,由于主梁翼缘板及腹板清除,引起清除段内各主梁截面刚度下降,在预应力和荷载作用下可能引起主梁产生裂缝,同时主梁顶升时会在主梁顶部产生拉应力,当结构出现局部受力不均匀现象时,顶部可能会出现裂缝。因此,在桥梁抢修期间应对主梁裂缝进行跟踪观测。

7.1.4 主梁挠度监测结果

过火桥跨主梁安全监控工作于3月5日下午开始实施,结合现场施工进度对过火跨桥梁病害进行了跟踪检测,对2号及7号主梁位移进行了监控。主梁位移监测测点布置为每5m一个,从北向南编号依次为2-1~2-8号(图7-4)。

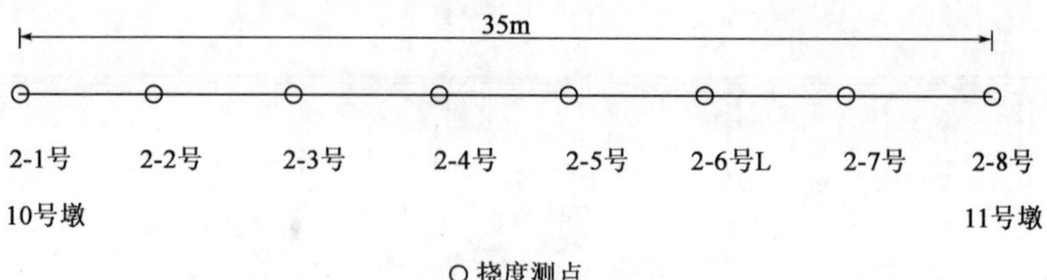

图 7-4　2 号梁处桥面挠度测点纵桥向布置示意图

依据测点布置，对 2 号及 7 号主梁施工期间结合施工过程进行定期观测，选取 2 号主梁观测数据进行分析。2 号主梁测点挠度变化值见表 7-1，2 号主梁测点挠度变化如图 7-5 所示。

2 号主梁测点挠度变化值一览表　　表 7-1

测点 / 观测日期	测点挠度变化值				
	2-2 号	2-3 号	2-4 号	2-5 号	2-6 号
3 月 5 日	0.0	0.0	0.0	0.0	0.0
3 月 6 日	-0.2	-0.3	-0.5	-0.4	-0.3
3 月 7 日	-0.3	-0.3	-0.6	-0.4	-0.3
3 月 8 日	-0.3	-0.7	-1.2	-0.8	-0.4
3 月 9 日	-2.4	-2.7	-3.2	-3.5	-2.6
3 月 10 日	-1.1	-1.3	-1.3	-1.5	-1.1
3 月 11 日	-0.2	0.0	-0.2	-0.8	-0.1
3 月 12 日	-0.1	0.1	0.3	-0.8	0.0
3 月 13 日	0.0	0.2	0.3	0.4	0.0
3 月 14 日	0.5	0.4	0.7	0.6	0.4
3 月 15 日	0.3	0.2	0.3	0.2	0.0
3 月 16 日	0.1	0.1	0.2	0.1	0.0
3 月 18 日	3.2	2.8	2.9	3.1	3.2
3 月 19 日	3.1	2.7	2.8	2.5	2.7
3 月 20 日	-0.3	-0.4	-0.9	-0.4	-0.3
3 月 21 日	-0.3	-0.3	-1.0	-0.5	-0.3
3 月 22 日	-0.3	-0.3	-1.0	-0.5	-0.3

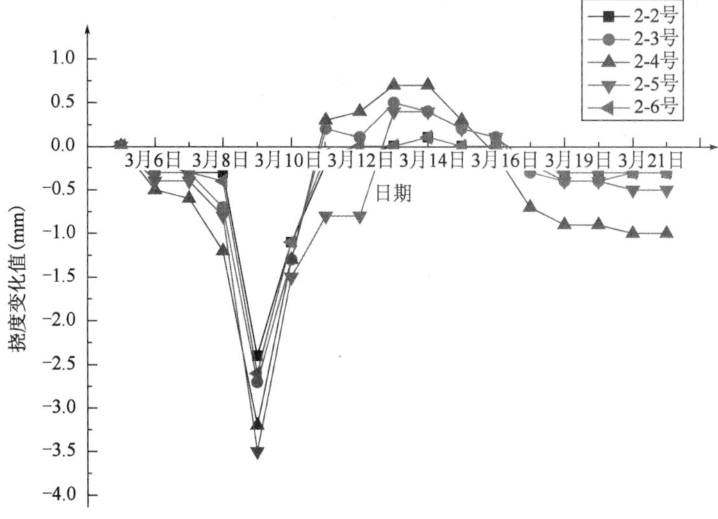

图 7-5　过火跨主梁挠度变化图

从表 7-1 及图 7-5 可以看出，在施工前期，桥上只有个别施工车辆荷载，主梁未发现过大位移；在主梁桥面板进行水切割、吊板施工时，其主梁跨中最大下挠 3.5mm，挠度主要由主梁翼缘板及铰缝凿除形成单梁承受临时荷载引起，且在后期进行桥面混凝土置换时仍有一定的下挠，主梁跨中最大下挠值为1.5mm，但其挠度值均小于预警值 9.22mm，表明挠度变化在安全范围内。整个施工期间桥梁无异常声响，主梁未发现新增裂缝。

7.1.5　主梁应力监测结果

依据现场施工条件，3 月 6 日在现场条件满足应变监测条件后，开展主梁下的应变监测。应变计布置及实时监测如图 7-6、图 7-7 所示。

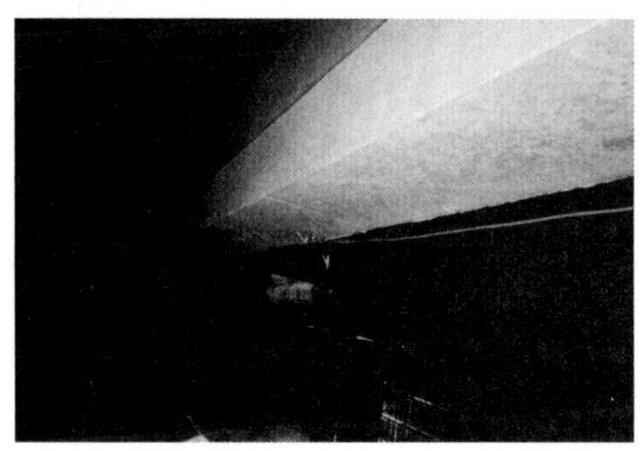

图 7-6　主梁应变计布置

图 7-7　主梁应变实时监测

本次主要针对过火跨2~6号主梁跨中截面应变进行分析,其过火跨应变监测结果见表7-2,应变实时监测变化图如图7-8所示。

过火跨应变监测结果(单位:με) 表7-2

观测时间 \ 测点		S1-2号	S1-3号	S1-4号	S1-5号	S1-6号
3月7日	9:00	13.3	12.1	12.9	24.1	18.3
	12:00	8.1	13.2	14.7	18	15.2
	15:00	8.9	8.7	9.4	16.1	17.7
	18:00	9.2	9.4	10	14.1	18.4
	21:00	10.9	11.5	11.1	16.7	20.9
	24:00	12.9	12.4	12	21	23.7
3月8日	3:00	11.4	11.2	10.9	19.1	22.4
	6:00	10.3	9.6	9.4	17.2	20.4
	9:00	14.9	13.2	19.2	24.1	26.3
	12:00	19.4	23.9	24.6	28	25.2
	15:00	17.3	28.5	29.7	32.3	27.7
	18:00	29.5	35.3	32.5	36.4	33.4
	21:00	34.2	31.7	34.8	35.8	31.8
	24:00	35.5	33.3	37.6	34.1	32.5
3月9日	3:00	36.6	31.6	35.9	35.4	30.4
	6:00	33.6	29.7	36.4	32.6	27.8
	9:00	30.7	27.8	33.5	30.3	26.4
	12:00	29.7	25.8	34.4	32.5	28.7
	15:00	36.4	27.5	34.8	29.8	28.6
	18:00	38.9	28.8	35.6	33.3	29.4
	21:00	40.1	30.9	38.9	37.5	29.5
	24:00	34.7	28.7	36.4	35.6	28.6
3月10日	3:00	36.6	30.4	33.5	34.8	27.8
	6:00	37.4	30.9	34.8	34.2	27.9
	9:00	29.3	32.7	36.1	39.5	42.9

续上表

观测时间＼测点		S1-2 号	S1-3 号	S1-4 号	S1-5 号	S1-6 号
3 月 10 日	12:00	27.6	-24.3	-19.5	-21.5	-21.4
	15:00	28.4	-25.2	-19.5	-24.1	-21.4
	18:00	24.9	-24.5	-19.3	-21	-20.1
	21:00	25.6	-23.7	-16	-18.7	-20.1
	24:00	26.7	-22.6	-15.8	-18.5	-23.9
3 月 11 日	3:00	26.7	-22.2	-14.7	-17.6	-24
	6:00	25.8	-21.9	-15.2	-17.8	-25.1
	9:00	26.7	-28.7	-22.3	-24.4	-29.5
	12:00	25	-21.2	-22.1	-24.1	-24
	15:00	25.8	-27.8	-22.1	-26.7	-23
	18:00	23.3	-27.1	-20.9	-19.9	-22.7
	21:00	26.7	-20.6	-18.6	-21.3	-19
	24:00	24.1	-25.2	-14.7	-21.1	-26.5
3 月 12 日	3:00	24.1	-23.8	-17.3	-16.5	-26.6
	6:00	23.2	-24.5	-17.8	-20.4	-24
	9:00	42.1	-17.9	-13.5	-12.4	-18
	12:00	46.8	-22	-12.6	-14.6	-21.5
	15:00	40.8	-30	-15.7	-19.6	-29.3
	18:00	33.9	-24.6	-13.7	-13.9	-19.8
	21:00	30.4	-25	-15	-18	-26.8
	24:00	26.3	-22.6	-14.9	-16.8	-24.4
3 月 13 日	3:00	35.2	-22.7	-16.8	-11.9	-19.5
	6:00	28.1	-18.1	-15.7	-13.9	-17.4
	9:00	28.1	-22.6	-17	-14.5	-9.6
	12:00	45.9	-18.1	-16.6	-11.1	-16
	15:00	44.2	-16.3	-12.5	-14.3	-13.3
	18:00	37	-13.6	-11.4	-11.8	-10.4

续上表

观测时间 \ 测点		S1-2 号	S1-3 号	S1-4 号	S1-5 号	S1-6 号
3 月 13 日	21:00	34.2	-16.5	-17.1	-12.2	-9.9
	24:00	31	-20	-19.7	-10.8	-10.8
3 月 14 日	3:00	32.6	-24.8	-25.2	-12.4	-15.4
	6:00	27.9	-19	-21.6	-12.8	-11.7
	9:00	34.1	-27.3	-16.5	-16.6	-13.2
	12:00	45	-28.2	-20.6	-17.6	-10.5
	15:00	47.6	-25.4	-17.7	-14	-9.7
	18:00	40.1	-19.4	-18.9	-12.9	-7.5
	21:00	38	-18	-22.2	-15.6	-7
	24:00	35.7	-17.4	-23.5	-14.8	-8.8
3 月 15 日	3:00	30	-23.9	-33.6	-12.9	-11.3
	6:00	27.7	-19.9	-27.5	-11.7	-9
	9:00	34.2	-29.4	-18.5	-18.5	-20.7
	12:00	60.3	-37.8	-26.9	-21.9	-27.3
	15:00	51.2	-38.6	-33.2	-25.9	-26.7
	18:00	31.3	-42.6	-32.7	-27.6	-19.4
	21:00	30.8	-25.9	-32.8	-21.9	-20.5
	24:00	40.9	-22.6	-30	-17.4	-20.1
3 月 16 日	3:00	32.8	-30.5	-41	-17.7	-23.5
	6:00	32.7	-26.6	-31.6	-14.3	-19
	9:00	35.7	-29.1	-18.5	-16.4	-18.4
	12:00	26.1	-34	-24.2	-14.8	-16.2
	15:00	13.6	-93.1	-82	-73	-81.3
	18:00	14	-92.5	-108.3	-95.4	-98.6
	21:00	15.8	-89.6	-103.9	-92.5	-95.8
	24:00	16.4	-91.2	-105.2	-91.3	-96.3

续上表

观测时间＼测点		S1-2 号	S1-3 号	S1-4 号	S1-5 号	S1-6 号
3 月 17 日	3:00	15.7	-89.7	-102.4	-92.2	-94.8
	6:00	14.6	-87.6	-103.6	-90	-93.5
	9:00	18.5	-94.7	-97.8	-89.7	-98.6
	12:00	12	-80.8	-95	-88	-92.5
	15:00	17.8	-69.4	-85.7	-74.7	-86.8
	18:00	24	-73.9	-79.9	-68.5	-90.2
	21:00	33.8	-76.1	-88.4	-79.5	-91
	24:00	35.7	-82.5	-88.5	-87.4	-94.7
3 月 18 日	3:00	36.9	-87	-82.5	-96.7	-90.6
	6:00	40.3	-78.9	-76.8	-84.5	-81.5
	9:00	40.3	-78.9	-76.8	-84.5	-81.5
	12:00	44.6	-57.4	-60.6	-68.6	-70.7
	15:00	45.5	-51.6	-55	-57.2	-61.5
	18:00	43.2	-47.7	-40.4	-48.8	-49.3
	21:00	47.6	-42.4	-40.2	-46	-43.5
	24:00	56.9	-41.5	-43.6	-49.3	-50.8
3 月 19 日	3:00	57.5	-43.1	-44.9	-48.1	-51.3
	6:00	56.8	-41.6	-42.1	-49	-49.8
	9:00	60.4	-35.1	-26.8	-50.3	-45.3
	12:00	58.3	-32.8	-25.6	-44.2	-38.4
	15:00	58.4	-24.3	-20.5	-38.7	-26.9
	18:00	61	-22	-18.3	-37.6	-35.3
	21:00	65.6	-27.2	-28.5	-41.6	-40.4
	24:00	66.2	-31.5	-30.9	-47.7	-44.6
3 月 20 日	3:00	62.9	-22.9	-33.1	-29.2	-40.9
	6:00	65.5	-24.1	-35.2	-34.5	-42.6
	9:00	73.7	-37.9	-29.9	-39.4	-39.6

续上表

观测时间 \ 测点		S1-2 号	S1-3 号	S1-4 号	S1-5 号	S1-6 号
3 月 20 日	12:00	70.7	-35.7	-24.1	-41.2	-44.6
	15:00	60.1	-33.6	-21.3	-38	-41.3
	18:00	51.5	-37.9	-22.6	-36	-42.6
	21:00	58	-36.8	-23.2	-40.7	-41.3
	24:00	59.8	-40	-22.6	-26.1	-31.6
3 月 21 日	3:00	61	-31.8	-19.6	-27	-30.7
	6:00	65.7	-27.6	-16.1	-34.1	-36.5

注:正号为拉应变,负号为压应变。

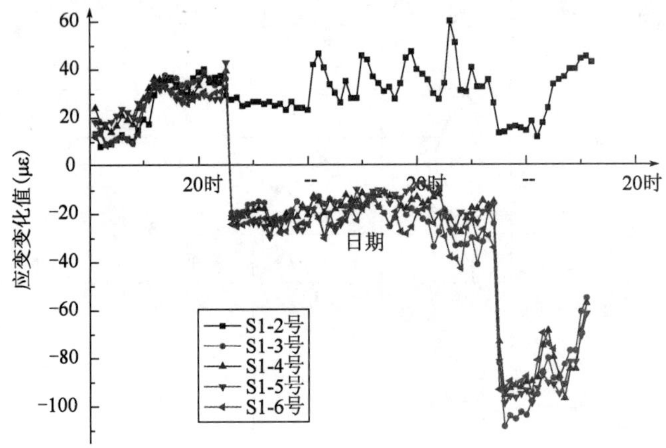

图 7-8　应变实时监测变化图

从表 7-2 及图 7-8 可以看出,在施工前期桥上只有施工车辆荷载及施工机具,主梁跨中最大应变为 40.1με,小于预警值 95.4με。在主梁 3 ~6 号桥面板、腹板进行水切割、吊板及横隔板断开施工完成后,由于主梁自重减少较大,梁体跨中位置处出现压应力,主梁跨中最大应变 -42.6με,小于预警值 -143με,应变变化在安全范围内。在 3 ~6 号梁顶升施工后,3 ~6 号梁顶主梁底应变减小 60 ~70με,为顶升力作用下梁底产生的压应变,应变小于预警值 -143με,应变变化在安全范围内。之后,3 ~6 号梁腹板及桥面施工期间,3 ~6 号梁压应力逐步减小,但由于主梁底钢支撑仍未拆除,3 ~6 号梁仍然为压应力,应变小于预警值 -143με,2 号主梁梁底拉应力有所增加,其应变小于预警值 95.4με,应变变化在安全范围内。

7.1.6 主梁病害发展

当桥梁局部的拉应力超过该部位的受力限值时易产生裂缝。在桥梁抢险施工过程中,由于主梁翼缘板及腹板的混凝土清除,引起清除段内各主梁截面刚度下降,在预应力和临时施工荷载作用下可能导致主梁产生裂缝,同时主梁顶升时会在主梁顶部产生拉应力,当结构出现局部受力不均匀时,顶部易出现裂缝。

桥梁顶升时千斤顶的作用主要通过钢结构立柱传到临时墩扩大基础上,因此临时墩扩大基础的沉降观测和裂缝控制也是顶升过程中结构安全监测的重点。在顶升过程中选取重点观测部位进行裂缝观测是确定结构安全最直观的方法,重点观测的部位主要有:顶升点或应力集中部位、上部结构中薄弱部位或顶升中受力较大的部位、临时支撑托换梁较大的弯矩和剪力部位、梁体已出现的裂缝或其他病害处。现场监测结果表明,在整个施工过程中均未发现主梁出现新增裂缝,且原有裂缝均未见发展。

7.1.7 临时墩扩大基础沉降量监测

扩大基础沉降观测是保证施工安全和施工质量的必要观测内容。每个扩大基础设沉降观测点7个,1~3号为主要沉降观测点,布置在钢管支撑处,4~7号为辅助沉降观测点,布置在扩大基础的四个角,如图7-9所示。采用高精度水准仪(测量精度0.01mm)进行临时墩扩大基础沉降观测。

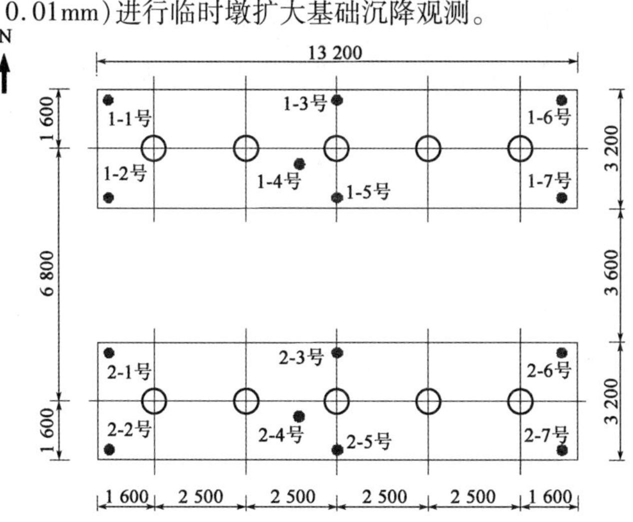

图7-9 临时墩扩大基础沉降测点布置示意图

注:图中尺寸均以mm计,●表示基础沉降观测点。

观测频率：桥梁顶升前每12h观测一次，顶升期间根据施工方案及现场工况确定观测频率，基本为每工况观测一次。由于本项目为抢险工程，根据施工单位需要，及时调整观测频率。

稳定条件：参照区域附近城市的稳定控制指标（表7-3），本临时工程的稳定条件采取连续2次观测误差小于0.01mm（考虑到抢险工程的特殊性，扩大基础稳定控制指标经设计方同意可适当调整）。

参考城市采用的稳定指标 表7-3

城　市	接近稳定时的周期容许沉降量	稳定控制指标
北京	1mm/100d	0.01mm/d
天津	3mm/半年，1mm/100d	0.017～0.01mm/d
济南	1mm/100d	0.01mm/d
西安	1～2mm/50d	0.02～0.04mm/d
上海	2mm/半年	0.01mm/d

图7-10　扩大基础沉降观测

扩大基础沉降观测（图7-10）选取3d观测数据进行分析，其基础沉降观测结果一览见表7-4。从表7-4可以看出，南北侧的临时墩扩大基础沉降速率为0.04mm/d，考虑到测量误差的影响和项目的特殊性，认为扩大基础的沉降速率接近稳定速率，表明临时墩扩大基础沉降基本稳定。同时经外观检测，扩大基础未发现有裂缝。

基础沉降观测结果一览表 表7-4

北侧扩大基础测点	1-2号	1-5号	1-7号	备　注
相对高程（mm）	732.46	761.34	770.44	3月11日12:30
相对高程（mm）	732.33	761.12	770.17	3月13日16:00
相对高程（mm）	732.32	761.10	770.16	3月14日07:00
相对高程（mm）	732.30	761.10	770.16	3月14日11:00
相对高程（mm）	732.29	761.08	770.14	3月14日17:00
相对高程（mm）	732.27	761.06	770.13	3月15日07:00
相对高程（mm）	732.26	761.05	770.11	3月15日11:00

续上表

北侧扩大基础测点	1-2 号	1-5 号	1-7 号	备　注
相对高程(mm)	732.25	761.04	770.10	3 月 15 日 17:00
累计沉降量(mm)	0.17	0.26	0.30	—
变化速率(mm/d)	0.04	0.04	0.03	近 1d
南侧扩大基础测点	2-2 号	2-5 号	2-7 号	备注
相对高程(mm)	774.45	769.93	742.66	3 月 11 日 12:30
相对高程(mm)	774.16	769.66	742.43	3 月 13 日 16:00
相对高程(mm)	774.16	769.65	742.42	3 月 14 日 07:00
相对高程(mm)	774.15	769.64	742.40	3 月 14 日 11:00
相对高程(mm)	774.14	769.63	742.40	3 月 14 日 17:00
相对高程(mm)	774.14	769.62	742.39	3 月 15 日 07:00
相对高程(mm)	774.13	769.61	742.38	3 月 15 日 11:00
相对高程(mm)	774.11	769.60	742.37	3 月 15 日 17:00
累计沉降量(mm)	0.34	0.33	0.29	—
变化速率(mm/d)	0.03	0.03	0.03	近 1d

7.1.8　桥梁顶升监测

1)顶升力监测

临时墩支撑采用钢管柱支撑,钢管柱支撑在顶升过程中将承受千斤顶的反力,是施工监控的重点。由于本次钢管柱的反力较小,主要对顶升力进行观测。由钢支撑等构件组成的空间支撑体系受力较为复杂,若施工过程中各千斤顶顶升的高度产生差异,将使各支撑的竖向力发生变化,通过在支撑体系上布置应力监控仪器,能及时掌握支撑体系的受力,如果发现支撑体系顶升力与设计顶升力偏差较大时需及时采取措施,保证梁体的安全,确保施工在安全可控的环境下进行。

临时墩支撑顶升力监测采用在每个钢管柱距离地面 1.6m 高处(受应力集中影响较小)的两侧,沿直径方向对称布置应变计,通过计算两侧的平均应变,根据钢管柱截面面积和弹性模量及应变结果换算出等效的顶升力。桥梁顶升力测点布置示意图及桥梁顶升力测点布置图分别如图 7-11、图 7-12 所示。

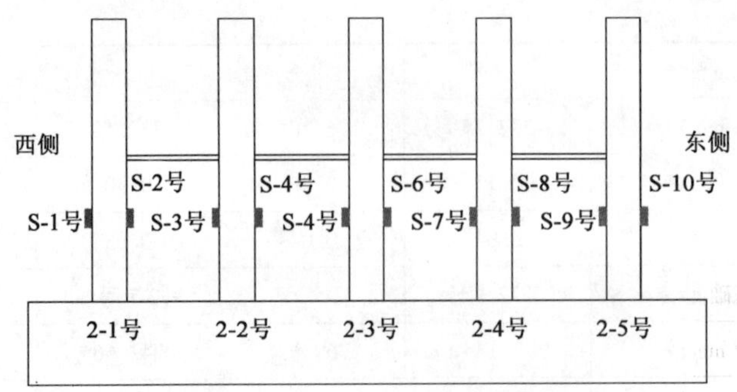

图 7-11 桥梁顶升力测点布置示意图

图 7-12 桥梁顶升力测点布置图

通过对主梁顶升施工过程中钢支撑反力监测来推算主梁顶升力，其钢支撑反力监测结果见表 7-5。由于支座沉降以及工字钢受力分配影响，监测到的钢支撑顶升反力增量最大值为 117.0kN，最小值为 96.3kN，但 2 个扩大基础的顶升反力均值分别为 104.4kN 和 107.3kN，与施工顶升力 106kN 接近，说明顶升力基本满足设计要求。

钢支撑反力监测结果表　　表 7-5

测试时间		3 月 15 日 10:30	3 月 16 日 17:00	顶升后(顶升力 106kN)
位置	编号	应变值(初始)	支撑反力(kN)	均值(kN)
1-1	056218	1 638	102.1	104.4
1-2	056222	1 441		
2-1	056214	1 783	96.3	
2-2	056212	1 757		
3-1	056227	1 569	117.0	
3-2	056216	1 795		

续上表

<table>
<tr><td colspan="2">测 试 时 间</td><td>3 月 15 日 10:30</td><td colspan="2">3 月 16 日 17:00　顶升后(顶升力 106kN)</td></tr>
<tr><td>位置</td><td>编号</td><td>应变值(初始)</td><td>支撑反力(kN)</td><td>均值(kN)</td></tr>
<tr><td>4-1</td><td>059263</td><td>1 902</td><td rowspan="2">102.1</td><td rowspan="2">104.4</td></tr>
<tr><td>4-2</td><td>056288</td><td>1 016</td></tr>
<tr><td>6-1</td><td>056217</td><td>1 073</td><td rowspan="2">111.2</td><td rowspan="8">107.3</td></tr>
<tr><td>6-2</td><td>056228</td><td>1 885</td></tr>
<tr><td>7-1</td><td>054002</td><td>1 776</td><td rowspan="2">105.5</td></tr>
<tr><td>7-2</td><td>054206</td><td>1 631</td></tr>
<tr><td>8-1</td><td>056224</td><td>1 794</td><td rowspan="2">98.9</td></tr>
<tr><td>8-2</td><td>046493</td><td>1 567</td></tr>
<tr><td>9-1</td><td>056215</td><td>1 646</td><td rowspan="2">113.5</td></tr>
<tr><td>9-2</td><td>056226</td><td>1 105</td></tr>
</table>

注:计算取值参数为规格 630 × 12mm,弹性模量 1.95×10^5MPa,截面面积 $0.023\ 298\text{m}^2$。

2)梁体顶升位移监测

竖向位移监测的主要目的是确定顶升完成后梁体高程是否与设计高程相符。梁体顶升位移监测主要为主梁竖向位移监测,测点布置在顶升梁体(3 ~ 6 号梁)的跨中,测点布置如图 7-13 所示。

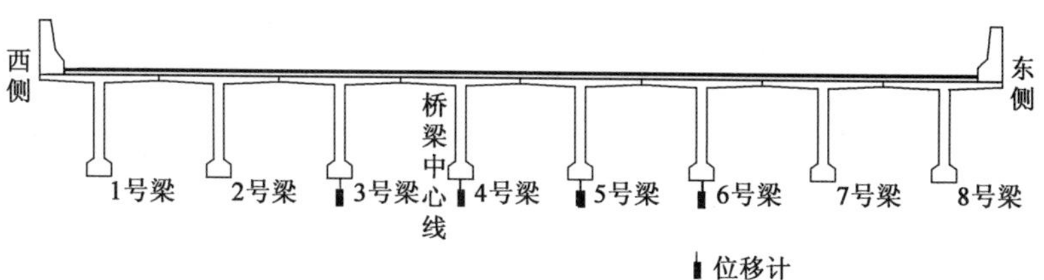

图 7-13　桥梁顶升挠度测点布置示意图

在梁底安装位移计观测位移值,以确定实际顶升高度和每个千斤顶的同步情况,并判断顶升到位后的桥梁线形是否符合设计要求。根据顶升需要,对梁底过火跨顶升桥梁的梁底跨中布设了 4 个位移测点,共布设 8 个位移计。桥梁顶升位移计安装及位移监测见图 7-14、图 7-15。

主梁整个顶升过程全程实时监测结果见表 7-6。顶升过程中主梁最大顶升量为 17.335mm(4 号梁),均小于预警值 28.5mm,说明整个顶升处于安全可控状态。对后续主梁腹板及桥面板施工过程中的主梁位移进行监测,桥面板施工阶段梁底位移监测结果见表 7-7,桥面板施工阶段主梁位移变化图如图 7-16 所示。从表 7-7 及图 7-16 结果可以看出,主梁跨中位移变化量较小,浇筑后 4d 主梁位移变化最大值为1.369mm，小于顶升预警值2mm，位移监测结果在安全范围内。

图7-14　桥梁顶升位移计安装

图7-15　桥梁顶升主梁位移监测

3月18日顶升阶段梁底位移监测结果　　表7-6

监测时间	工况	位移计位置及编号(位移单位:mm)			
		3-1号底	4-1号底	5-1号底	6-1号底
11:45	顶升前	0	0	0	0
13:50	顶升1	9.866	11.613	10.067	9.171
	顶升量	9.202	10.195	9.341	8.551
14:00	顶升2	10.256	12.076	10.542	9.686
	顶升量	9.57	10.624	9.815	9.014
16:45	顶升完成	17.615	19.816	18.718	17.582
	顶升量	16.495	17.818	17.396	16.465
	观测值	17.38	18.782	18.335	17.265
	顶升量	16.264	17.443	17.04	16.065
	观测值	17.252	18.633	18.152	17.177
	顶升量	16.178	17.335	16.877	15.879

桥面板施工阶段梁底位移监测结果　　表7-7

监测时间		工况	位移计位置及编号(位移单位:mm)			
			3-1号底	4-1号底	5-1号底	6-1号底
3月18日	10:30	位移值	16.768	18.726	17.229	16.306
	13:30	位移值	17.152	19.156	17.359	16.424
	15:30	位移值	17.556	19.671	17.904	17
	19:30	位移值	17.931	20.01	18.309	17.024
	22:30	位移值	17.904	20.01	18.309	17.024

续上表

监测时间		工况	位移计位置及编号(位移单位:mm)			
			3-1 号底	4-1 号底	5-1 号底	6-1 号底
3月19日	6:00	位移值	17.233	19.159	17.486	16.214
	9:00	位移值	16.784	18.742	16.978	15.859
	12:00	位移值	16.671	18.748	16.961	15.952
	15:00	位移值	16.768	18.771	17.001	15.935
	18:00	位移值	16.541	18.519	16.746	15.741
	21:00	位移值	16.481	18.464	16.494	15.401
3月20日	0:00	位移值	16.455	18.264	16.494	15.377
	6:00	位移值	16.405	18.264	16.503	15.435
	9:00	位移值	15.918	17.744	15.891	15.05
	12:00	位移值	16.1	17.948	16.046	15.454
	15:00	位移值	16.552	18.19	16.233	15.919
	18:00	位移值	16.561	18.156	16.206	15.871
3月21日	0:00	位移值	16.351	17.849	15.909	15.473
	3:00	位移值	16.216	17.619	15.766	15.358
	6:00	位移值	16.086	17.489	15.692	15.258
	6:00	相对3月18日沉降量	0.682	1.237	1.537	1.048

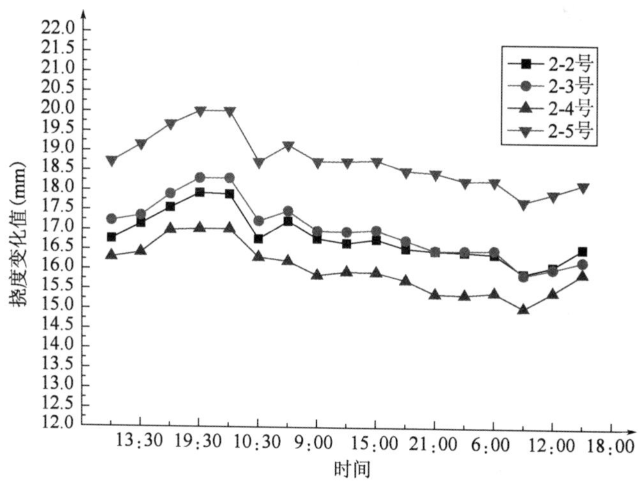

图7-16　桥面板施工阶段主梁位移变化图

7.2 桥梁抢修工程加固后技术评价

项目后评价是指对已经完成项目(或规划)的目的、执行过程、效益、作用和影响所进行的系统的、客观的分析。通过项目活动实践的检查总结,确定项目预期的目标是否达到,项目或规划是否合理有效,项目的主要效益指标是否实现;通过分析评价找出成败的原因,总结经验教训;通过及时有效的信息反馈,为未来新项目的决策和提高、完善投资决策管理水平提出建议,同时也为后评价项目实施运营中出现的问题提出改进建议,从而达到提高投资效益的目的[80]。原交通部以交计发〔1996〕1130 号文正式印发了《公路建设项目后评价工作管理办法》和《公路建设项目后评价报告编制办法》,详细规定了公路项目后评价工作的重点、必备条件和组织管理方式,同时也进一步明确了后评价报告的文本格式及内容要求。虽然我国已经在公路建设项目后评价方面做了大量的研究工作,也制定了相应的办法,但仍不能直接应用于桥梁加固工程。桥梁作为公路建设项目的一部分,具有较强的独立性和特殊性。桥梁工程的后评价是公路建设项目后评价的一个子集,但不能简单地用后者替代前者,它们存在共性的地方,也有很大的差异性,在对整个公路建设项目后评价时桥梁的效果是不可能完全体现的。加固又是桥梁建设的特殊工程,利用传统的后评价方法不能完全准确地评价桥梁加固后的实际效果,必须针对桥梁加固技术的自身特点建立一套相适应的后评价方法[81]。桥梁抢修加固工程由于其抢修特点,社会效益远大于其经济效益,后评价更应侧重技术效果评价,即桥梁经加固技术改造后承载能力极限状态、正常使用极限状态与耐久性等都能满足要求。

7.2.1 技术状况评价方法

桥梁结构的安全性主要体现在承载能力。安全性评价主要是评定桥梁结构加固后承载能力的提高情况,对照预期加固目标评价结构在强度、稳定性等方面是否满足现有交通荷载的要求,桥梁能否适应交通荷载的进一步发展。桥梁加固目的是为了恢复和提高承载能力,改善使用性能,消除桥梁结构的安全隐患,提高通行能力。桥梁加固后,有缺陷的主要承重构件得到了补强,桥梁损伤和病害得到了改善或消除,桥梁的整体性能才能得以恢复,在桥梁加固的后评价中需重新评定结构的实际承载能力。

桥梁承载能力的评估与结构或构件加固后的强度、稳定性能等有关。国内外对桥梁承载能力评定方法的研究已取得长足的进展,形成了较为成熟的评定体系。桥梁承载能力评定的各方法之间存在着一定的区别和联系，一般可分为基于外观调查的方法、基于设计规范的方法、基于荷载试验的方法、基于专家经验的方法和基于结构可靠性理论的方法[82-84]。根据各评价方法的特征和适用范围，结合桥梁抢修加固工程的特点，可采用以下几种方法对加固后桥梁的承载能力进行评定。

1）基于外观调查和专家经验的方法

由有经验的专业技术人员、桥梁专家对加固后桥梁的技术状况、各种缺陷病害的修复情况等进行全面详细的检查，在此基础上依据专家经验对桥梁的承载能力进行综合评价，这种评价的技术依据为《公路养护技术规范》（JTG H10—2009）。在实际工作中，基于外观调查和专家经验的方法主要建立在专家的知识水平、实践经验以及主观感觉之上。这种方法存在很多不确定的现象和因素，国内的一些专家学者在层次分析法和专家评分法的基础上，利用灰色关联理论、模糊数学理论、神经网络理论、物元分析理论、专家系统等来解决评价中不确定因素，建立了桥梁承载能力综合评价方法，适用于加固后桥梁承载能力的综合评定。

2）基于结构理论分析计算的方法

结构理论分析计算也是目前桥梁结构承载能力评价中较多采用的一种方法。此方法首先对加固后的桥梁结构进行全面详细的检查，然后将检查所得的有关资料、数据和检验测量结果，依据桥梁结构理论、工程力学及大量试验数据对桥梁结构进行分析计算，从而评定桥梁结构的实际承载能力。技术依据为现行公路桥梁设计规范及公路桥梁承载能力检测评定规程等标准。

根据《公路桥梁承载能力检测评定规程》（JTG/T J21—2011），钢筋混凝土桥梁承载能力极限状态，应根据桥梁检测结果按下式进行计算评定：

$$\gamma_0 S \leqslant R(f_d, \xi_c a_{dc}, \xi_s a_{ds}) Z_1 (1 - \xi_e) \tag{7-1}$$

式中：γ_0——结构的重要性系数；

S——荷载效应函数；

R——抗力效应函数；

f_d——材料强度设计值；

ξ_c——配筋混凝土截面的折减系数；

a_{dc}——构件混凝土几何参数值；

ξ_s——钢筋截面折减系数；

a_{ds}——构件钢筋几何参数值；

Z_1——承载能力检算系数；

ξ_e——承载能力恶化系数。

根据桥梁检测的缺损状况、结构混凝土回弹强度、混凝土碳化深度、结构自振频率、钢筋锈蚀电位、混凝土保护层厚度等各项检测指标的定量或定性评价结果，在公路桥梁设计规范的基础上，确定分项检算系数，修正结构抗力效应和荷载效应，为进一步判定桥梁的承载能力状况提供依据。

3）基于荷载试验的方法

基于荷载试验的评价方法是对桥梁结构进行了外观调查和初步评定后，施加试验性荷载，从而对桥梁结构承载能力进行评定。桥梁结构荷载试验就是将标准设计荷载或标准设计荷载的等效荷载施加于实桥结构的指定位置，对实桥结构反应（应变、变形分布和动力特性等）进行检测，以此对实桥结构做出判断，从而达到判断桥梁结构真实承载能力的目的。荷载试验又分为静载试验和动载试验。

（1）静载性能。

在结构静载试验中，根据实测的变位或应变与理论计算值比较，可利用结构的校验系数和横向分布系数对桥梁承载能力进行评定。

为了量化以及描述实测值与理论计算值比较的结果，引入荷载试验结构校验系数：

$$\eta = \frac{S_e}{S_s} \tag{7-2}$$

式中：S_e——试验荷载作用下量测的弹性变位（或应变）值；

S_s——试验荷载作用下的理论计算变位（或应变）值。

S_e 与 S_s 的比较可用实测的横截面平均值与计算值比较，也可考虑荷载横向不均匀分布而选用实测最大值与考虑横向分布系数的计算值进行比较。横向分布系数宜采用实测值，如无实测值也可采用理论计算值。横向增大系数 η，可用实测的变位（或应变）最大值 S_{emax} 与横向各测点实测变位（或应变）平均值 $\overline{S}_e$，按下式进行计算：

$$\eta = \frac{S_{emax}}{\overline{S}_e} \tag{7-3}$$

式中：S_{emax}——试验荷载作用下量测的最大弹性变位（或应变）值；

$\overline{S}_e$——试验荷载作用下横桥向各测点量测的弹性变位（或应变）值的平均值。

对加载试验的主要测点，应按下式计算其相对残余变位（或应变）：

$$S'_{P} = \frac{S_{P}}{S_{t}} \times 100\% \tag{7-4}$$

式中：S'_{P}——相对残余变位（或应变）；

S_{P}——主要测点的实测残余变位（或残余应变）；

S_{t}——试验荷载作用下主要测点的实测总变位（或总应变）。

（2）动载性能。

桥梁结构的动力特性（振型、频率和阻尼比等）也是桥梁结构承载力评定的重要参数。动载试验就是借助于对结构动力特性和响应（振动周期、振幅、阻尼比等）的测定，分析桥梁的冲击系数，评价桥梁的实际承载能力。

动载试验效率为：

$$\eta_{d} = \frac{S_{d}}{S_{imax}} \tag{7-5}$$

式中：η_{d}——动载试验荷载系数；

S_{d}——动力试验荷载作用下控制截面最大内力或变形计算值；

S_{imax}——控制荷载作用下控制截面最大内力或变形（不计汽车荷载冲击系数）。

活载冲击系数（动力系数）可根据控制截面测点在跑车试验时记录的动应变或动挠度曲线进行分析处理而得，按下式计算：

$$1 + \mu = \frac{Y_{dmax}}{Y_{smax}} \tag{7-6}$$

式中：Y_{dmax}——动载作用下该测点最大应变（或挠度）值；

Y_{smax}——相应的静载作用。

根据不同车速的活载冲击系数绘制出活载冲击系数与车速的关系曲线，并从中求出活载冲击系数的最大值，可用于桥梁结构的强度及稳定性验算，从而评定桥梁的承载能力。冲击系数的大小综合反映了桥跨结构的动力性能、桥面平整度以及运行车辆的动力特性、车速等因素的影响。

4）基于对比试验的方法

对比试验的方法可分为前后对比法和有无对比法，包括前后对比和有无项目的对比等。对比的目的是找出变化和差距，为提出问题和分析原因找出重点。一般情况下，“前后对比法”是将项目实施之前与完成之后的情况加以对比，以确定项目实施所带来的作用与效益。在后评价中,则是指将项目前期阶段的可行性研究和前期评价的预测结论与项目的实际运作结果相比较,发现变化、分析原因的一种对比方法。“有无对比法”是指将项目实际发生的情况与若无项目(亦即项目不实施时)可能发生的情况进行对比,以度量项目真实的效益与影响。对比的重点是分清项目作用的影响与项目以外因素作用的影响。这种对比适用于桥梁加固项目的效益性评价、影响性评价和持续性评价[81]。

7.2.2 加固后评价

验证桥梁加固效果最为直接有效的方法是进行成桥试验,以确保桥梁的承载力安全,而静力荷载试验则是首要的检测手段。静载试验是通过测量桥梁在试验静力荷载工况下各控制截面的应变和变形,来验证设计状态、检验施工质量及确定结构加固后的实际工作性能。由于相邻桥跨未受到火灾的影响,为此采用对比的方式进行荷载试验,即对受火灾影响的第 11 跨和未受火灾影响的第 12 跨分别进行对比加载,以比对抢修加固效果。

1)理论计算

利用 Midas/Civil 进行结构计算分析。该桥西半幅设计为单向四车道,由于混凝土养生期较短,试验时按相对较低的荷载等级汽-15 级,按四车道布载,取其大者,桥梁计算模型如图 7-17 所示,活载作用下的弯矩及剪力包络图(考虑冲击)如图 7-18 ~ 图 7-20 所示。根据活载作用下的内力包络图,可确定各测试控制截面,根据包络图最终确定各控制截面具体位置如图 7-21 所示。

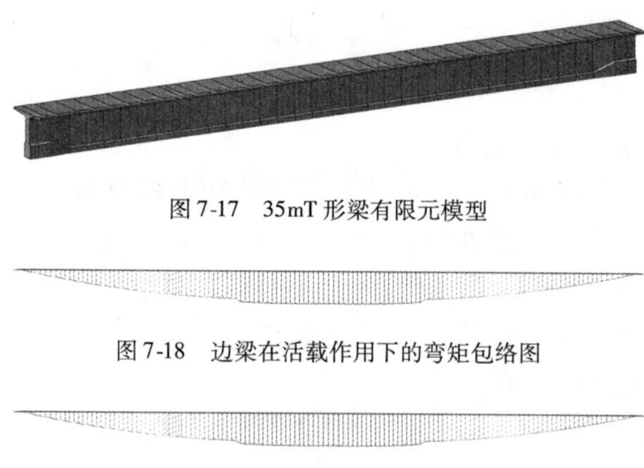

图 7-17　35mT 形梁有限元模型

图 7-18　边梁在活载作用下的弯矩包络图

图 7-19　中梁在活载作用下的弯矩包络图

图 7-20 活载作用下的剪力包络图

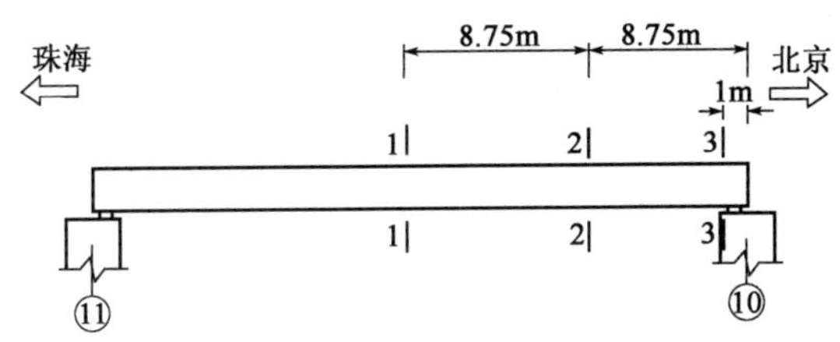

图 7-21 测试截面位置示意图

各测试截面的测试内容见表 7-8，通过有限元模型按照实际加载车辆的质量进行布载计算，在汽车试验荷载作用下，各工况的静载效率系数见表 7-9、表 7-10。

各测试截面测试项目　　表 7-8

截面编号	位置	测试项目
1-1	跨中	挠度、应力
2-2	1/4 跨径位置	挠度、应力
3-3	10 号墩、11 号墩附近	应力

各工况弯矩静载效率系数一览表　　表 7-9

项目		弯矩(kN·m)		加载效率	控制位置
		设计荷载	加载车辆		
工况一	1-1 截面	1 959.25	1 977.05	1.01	8 号梁,1/2 截面
工况二		1 634.33	1 616.00	0.99	5 号梁,1/2 截面
工况三		1 634.33	1 554.04	0.95	6 号梁,1/2 截面
工况四	2-2 截面	1 414.55	1 479.49	1.05	8 号梁,1/4 截面
工况五		1 179.96	1 209.26	1.02	5 号梁,1/4 截面
工况六		1 179.96	1 223.98	1.04	6 号梁,1/4 截面

各工况剪力静载效率系数一览表　　表 7-10

项目		剪力(kN)		加载效率	控制位置
		设计荷载	加载车辆		
工况七	3-3 截面	-242.98	-253.03	1.04	8 号梁,支座附近

2)加载车型

静载试验采用4辆24t车进行等效加载,车型如图7-22所示。车队纵向位置按Midas/Civil软件计算的影响线进行布设,为保证试验效果,对于某一特定荷载工况,试验荷载的大小和加载位置的选择采用静载试验效率系数η_d进行控制,静力试验荷载的效率系数即为试验施加荷载产生的作用效应和设计荷载作用效应(考虑冲击影响)的比值,一般应在0.95~1.05之间。

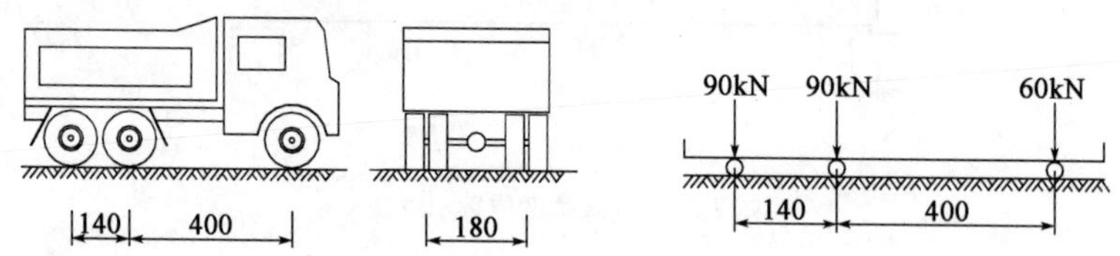

图7-22　重车加载车型图(尺寸单位:cm)

3)加载工况及其荷载纵向布置

工况一、工况二:北10(11)号墩和北11(12)号墩之间跨中位置正弯矩(挠度)的加载试验。

测试项目:加载前、加载后及卸载后主梁1-1截面应力、挠度,分对称与偏载加载,加载图如图7-23、图7-24所示。

工况三:第11(12)跨6号梁跨中截面正弯矩(挠度)的加载试验。

测试项目:加载前、加载后及卸载后主梁1-1截面应力、挠度,加载图如图7-25所示。

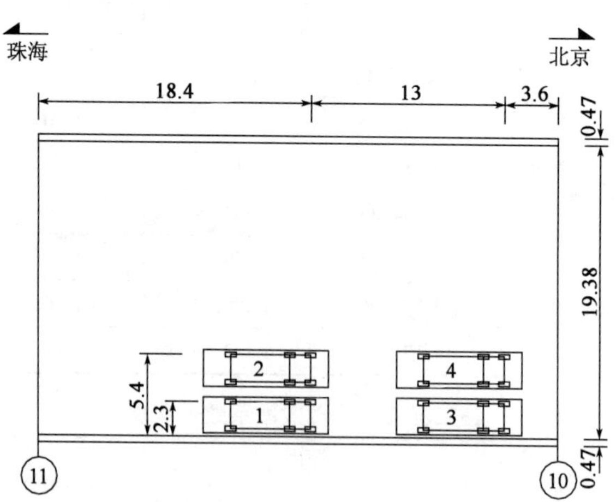

图7-23　工况一车辆偏载加载图(尺寸单位:m)

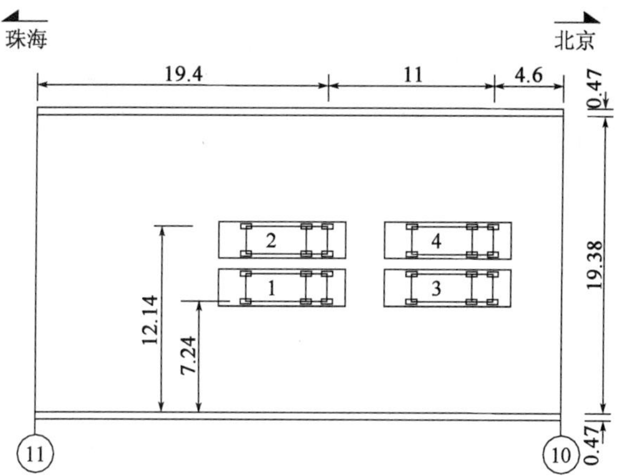

图 7-24 工况二车辆对称加载图(尺寸单位:m)

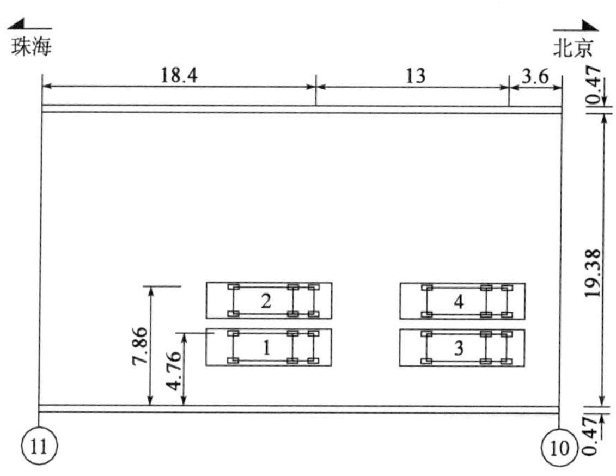

图 7-25 工况三车辆加载图(尺寸单位:m)

工况四、工况五:北 10(11)号墩和北 11(12)号墩之间 1/4 跨径位置正弯矩(挠度)的加载试验,分对称与偏载加载。

测试项目:加载前、加载后及卸载后主梁 2-2 截面应力、挠度,加载图如图 7-26、图 7-27 所示。

工况六:第 11(12)跨 6 号梁 $L/4$ 截面正弯矩(挠度)的加载试验。

测试项目:加载前、加载后及卸载后主梁 2-2 截面应力、挠度,加载图如图 7-28所示。

加载方式:车辆依次按 1 ~4 号进行编号,加载时按 1 ~4 号车辆依次分级加载,卸载时按 4 ~1 号车辆依次分级卸载。

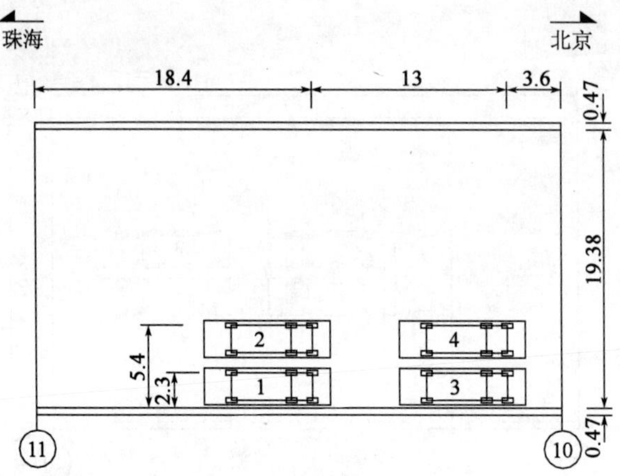

图 7-26　工况四车辆偏载加载图(尺寸单位:m)

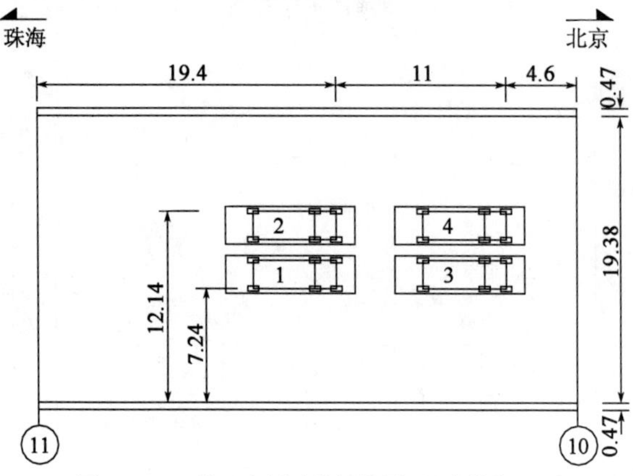

图 7-27　工况五车辆对称加载图(尺寸单位:m)

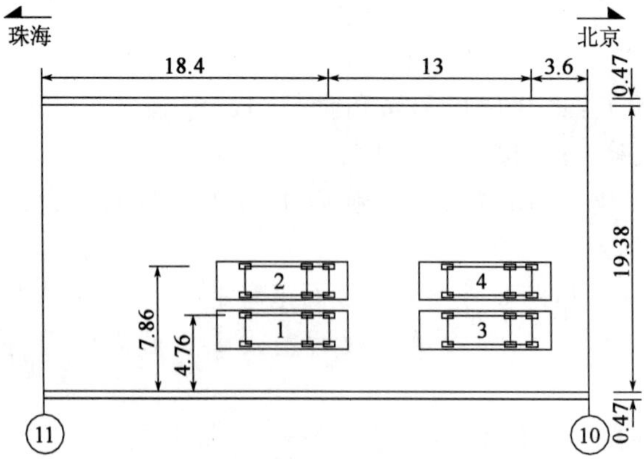

图 7-28　工况六车辆加载图(尺寸单位:m)

工况七:第11(12)跨10(11)号墩附近截面最大剪力的加载试验。

测试项目:加载前、加载后及卸载后主梁3-3截面应力,加载图如图7-29所示。

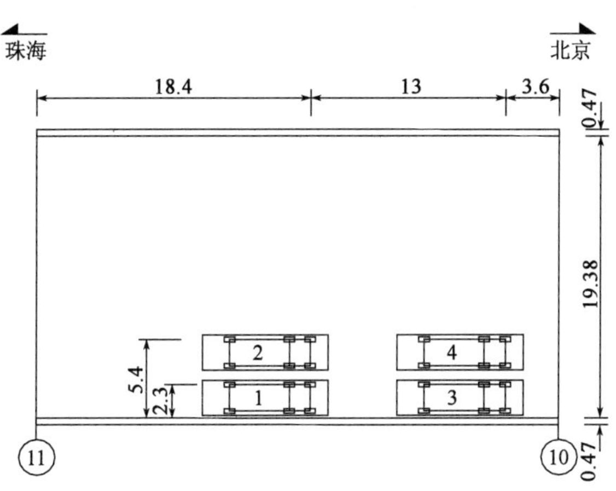

图7-29 工况七车辆加载图(尺寸单位:m)

4)桥梁工作性能评定内容

(1)桥梁结构的试验加载效率应满足《公路桥梁承载能力检测评定规程》(JTG/T J21—2011)的要求,确保试验加载有效。

(2)判断挠度校验系数与应力校验系数是否满足《公路桥梁承载能力检测评定规程》(JTG/T J21—2011)的要求,如校验系数η小于1,则说明桥梁实际工作状况好于理论状况,桥梁承载能力满足设计要求。

(3)判断静载试验荷载作用下,主桥各控制截面的挠度和应力实测值与理论计算结果的变化规律是否基本一致。

(4)量测的最大残余变形系数(量测的残余变形与量测的总变形值的比值)应满足《公路桥梁承载能力检测评定规程》(JTG/T J21—2011)不大于20%的要求,据此可判断在荷载作用下结构是否处于弹性工作状态。

7.2.3 静载试验结果分析

1)挠度数据分析

对刘江黄河公路大桥第11跨与第12跨各测试截面的挠度进行了数据测试和采集,表7-11、表7-12给出了刘江黄河公路大桥第11跨与第12跨工况一~工况六的实测挠度值、理论挠度值以及荷载作用下主要受力主梁校验系数,

图7-30～图7-35给出了工况一～工况六的实测挠度和理论挠度比较图。可以看出，主要测点实测挠度值小于理论挠度值，第11跨挠度校验系数在0.47～0.78之间，第12跨挠度校验系数在0.46～0.71之间，均满足《公路桥梁承载能力检测评定规程》(JTG/T J21—2011)中校验系数小于1的规定，表明加固后的桥梁受力状态良好。

工况一～工况六实测挠度和理论挠度 表7-11

工况号	位置	测点	第11跨实测值(mm)	第12跨实测值(mm)	理论值(mm)
工况一	1-1截面	1号	0.542	0.674	0.990
		2号	-0.100	0.085	0.412
		3号	-0.553	-0.582	-0.349
		4号	-1.445	-1.335	-1.558
		5号	-2.243	-2.438	-3.471
		6号	-3.782	-3.682	-6.290
		7号	-4.848	-5.127	-9.333
		8号	-6.926	-6.351	-11.793
工况二	1-1截面	1号	-0.732	-0.656	-1.289
		2号	-1.752	-2.080	-3.231
		3号	-3.048	-3.579	-5.302
		4号	-4.182	-4.491	-7.182
		5号	-4.272	-4.093	-7.165
		6号	-3.377	-3.102	-5.229
		7号	-2.311	-1.914	-3.107
		8号	-1.090	-0.982	-1.114
工况三	1-1截面	1号	0.311	0.204	0.508
		2号	-0.367	-0.573	-0.825
		3号	-1.340	-1.342	-1.998
		4号	-2.307	-2.168	-4.714
		5号	-3.457	-3.163	-6.379
		6号	-4.327	-3.791	-8.235

续上表

工况号	位置	测点	第 11 跨实测值（mm）	第 12 跨实测值（mm）	理论值（mm）
工况三	1-1 截面	7 号	-4.521	-4.032	-9.663
		8 号	-3.962	-3.938	-10.509
工况四	2-2 截面	1 号	0.258	0.559	0.708
		2 号	-0.270	0.093	0.295
		3 号	-0.104	-0.402	-0.250
		4 号	-0.912	-1.011	-1.115
		5 号	-1.925	-1.768	-2.483
		6 号	-2.758	-2.800	-4.500
		7 号	-3.968	-3.779	-6.678
		8 号	-5.344	-4.763	-8.438
工况五	2-2 截面	1 号	-0.682	-0.469	-0.936
		2 号	-1.572	-1.571	-2.346
		3 号	-2.304	-2.617	-3.850
		4 号	-3.130	-3.418	-5.215
		5 号	-3.260	-3.146	-5.202
		6 号	-2.425	-2.371	-3.797
		7 号	-1.579	-1.457	-2.256
		8 号	-0.698	-0.614	-0.809
工况六	2-2 截面	1 号	0.163	0.178	0.363
		2 号	-0.418	-0.326	-0.590
		3 号	-0.923	-0.953	-1.430
		4 号	-1.599	-1.644	-3.372
		5 号	-2.557	-2.316	-4.564
		6 号	-3.202	-2.926	-5.891
		7 号	-3.169	-3.035	-6.912
		8 号	-3.053	-3.016	-7.972

工况一～工况六实测挠度和理论挠度校验系数 表 7-12

工况号	位置	测点	第 11 跨校验系数	第 12 跨校验系数
工况一	1-1 截面	5 号	0.65	0.70
		6 号	0.60	0.59
		7 号	0.52	0.55
		8 号	0.59	0.54
工况二	1-1 截面	3 号	0.57	0.68
		4 号	0.58	0.63
		5 号	0.60	0.57
		6 号	0.65	0.59
工况三	1-1 截面	3 号	0.67	0.67
		4 号	0.49	0.46
		5 号	0.54	0.50
		6 号	0.53	0.46
工况四	2-2 截面	5 号	0.78	0.71
		6 号	0.61	0.62
		7 号	0.59	0.57
		8 号	0.63	0.56
工况五	2-2 截面	3 号	0.60	0.68
		4 号	0.60	0.66
		5 号	0.63	0.60
		6 号	0.64	0.62
工况六	2-2 截面	3 号	0.65	0.67
		4 号	0.47	0.49
		5 号	0.56	0.51
		6 号	0.54	0.50

2)应变数据分析

表 7-13、表 7-14 给出了刘江黄河公路大桥第 11 跨与第 12 跨工况一～工况六的实测应变、理论应变值以及荷载作用下主要受力主梁校验系数,图 7-36～图 7-41给出了工况一～工况六的实测应变和理论应变比较图。

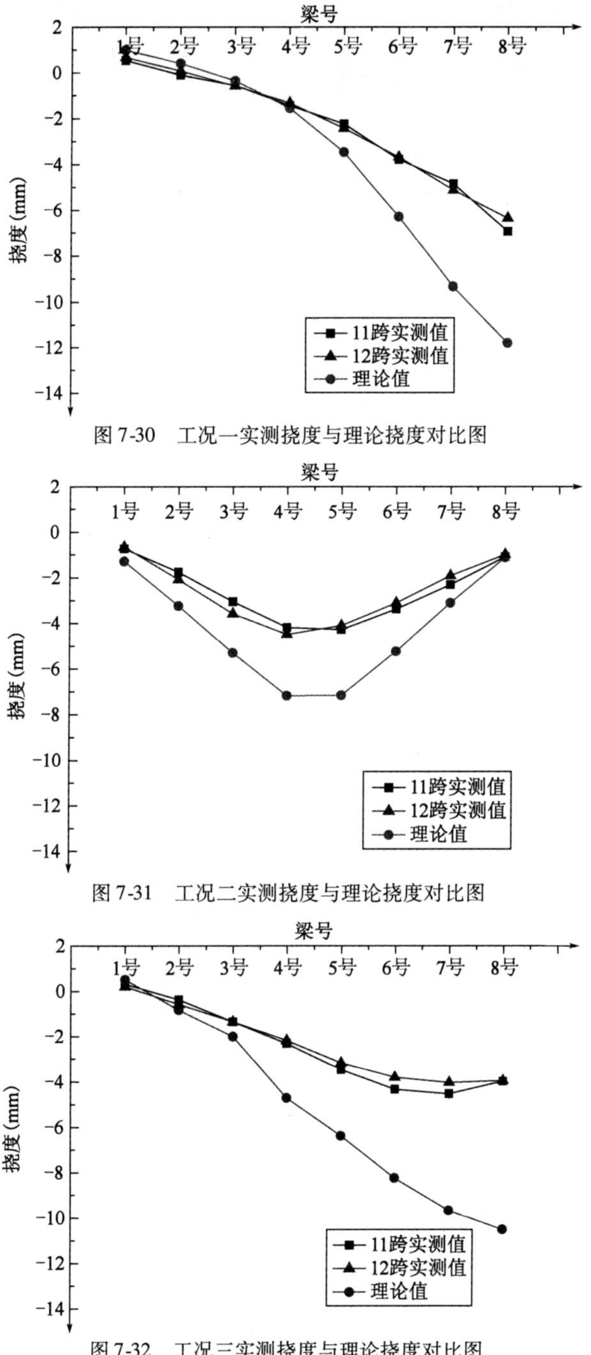

图 7-30 工况一实测挠度与理论挠度对比图

图 7-31 工况二实测挠度与理论挠度对比图

图 7-32 工况三实测挠度与理论挠度对比图

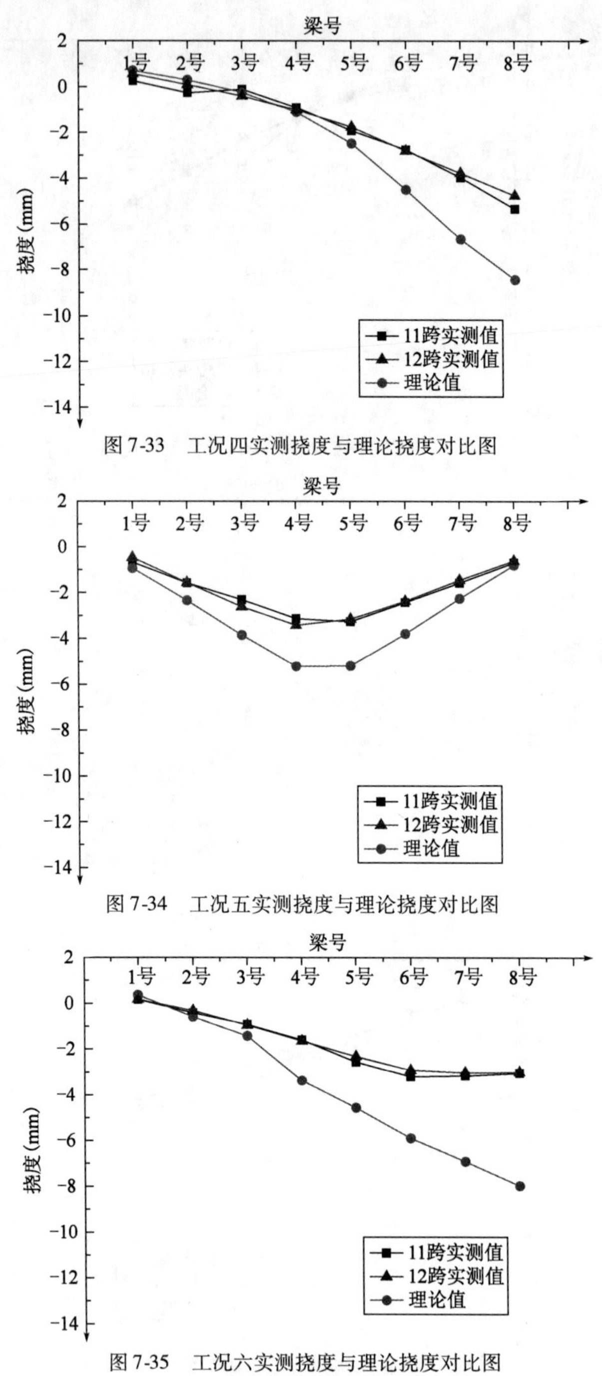

图 7-33　工况四实测挠度与理论挠度对比图

图 7-34　工况五实测挠度与理论挠度对比图

图 7-35　工况六实测挠度与理论挠度对比图

工况一～工况六实测应变和理论应变对比　　表7-13

工况号	位置	测点	第11跨实测值(με)	第12跨实测值(με)	理论值(με)
工况一	1-1截面	1号	-11.8	0.6	-13.0
		2号	-11.9	3.9	-5.4
		3号	-18.3	11.4	4.6
		4号	2.3	25.1	20.4
		5号	9.0	38.7	45.4
		6号	42.2	67.1	82.4
		7号	62.9	98.9	122.2
		8号	101.2	105.7	154.4
工况二	1-1截面	1号	9.2	0.1	-7.9
		2号	34.9	29.2	18.2
		3号	45.4	51.1	73.7
		4号	71.8	85	131.7
		5号	71.5	71.5	131.7
		6号	49.5	50.1	73.6
		7号	36	31.5	18.2
		8号	19	14.3	-7.9
工况三	1-1截面	1号	-3.3	0.0	-6.6
		2号	8.6	5.9	10.7
		3号	11.8	16.8	26.0
		4号	26.4	30.7	61.3
		5号	44.5	49.8	83.0
		6号	68.5	67.6	107.1
		7号	73.4	76	125.7
		8号	60.9	56.6	136.7
工况四	2-2截面	1号	-6.5	-3.5	-9.7
		2号	-4.3	3.9	-4.0
		3号	-2.5	10.4	3.4
		4号	3.2	14.4	15.3

续上表

工况号	位置	测点	第11跨实测值（με）	第12跨实测值（με）	理论值（με）
工况四	2-2截面	5号	15.0	22.4	34.0
		6号	30.5	44.1	61.7
		7号	39.6	57.4	91.5
		8号	59.5	80.2	115.6
工况五	2-2截面	1号	5.7	4.7	13.0
		2号	26.6	22.3	32.6
		3号	46.4	40.6	53.6
		4号	59.2	48	72.6
		5号	60.5	54.9	72.4
		6号	42.8	39.9	52.8
		7号	24.2	19.8	31.4
		8号	15.8	9.2	11.3
工况六	2-2截面	1号	-0.1	-0.7	-5.0
		2号	10.5	3.3	8.0
		3号	18.5	11.6	19.5
		4号	24.9	19.3	46.0
		5号	41.6	35.9	62.2
		6号	51.0	42.3	80.3
		7号	47.7	42.4	94.3
		8号	45.7	42.8	108.7

工况一～工况六实测应变和理论应变校验系数 表7-14

工况号	位置	测点	第11跨校验系数	第12跨校验系数
工况一	1-1截面	5号	0.20	0.85
		6号	0.51	0.81
		7号	0.51	0.81
		8号	0.66	0.68
工况二	1-1截面	3号	0.62	0.69
		4号	0.55	0.65

续上表

工况号	位置	测点	第 11 跨校验系数	第 12 跨校验系数
工况二	1-1 截面	5 号	0.54	0.54
		6 号	0.67	0.68
工况三	1-1 截面	3 号	0.45	0.65
		4 号	0.43	0.50
		5 号	0.54	0.60
		6 号	0.64	0.63
工况四	2-2 截面	5 号	0.44	0.66
		6 号	0.49	0.71
		7 号	0.43	0.63
		8 号	0.51	0.69
工况五	2-2 截面	3 号	0.86	0.76
		4 号	0.82	0.66
		5 号	0.84	0.76
		6 号	0.81	0.76
工况六	2-2 截面	5 号	0.67	0.58
		6 号	0.64	0.53
		7 号	0.51	0.45
		8 号	0.42	0.39

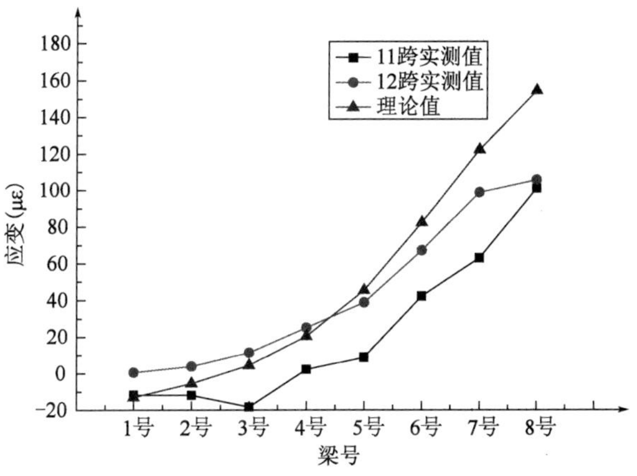

图 7-36 工况一实测应变与理论应变对比图

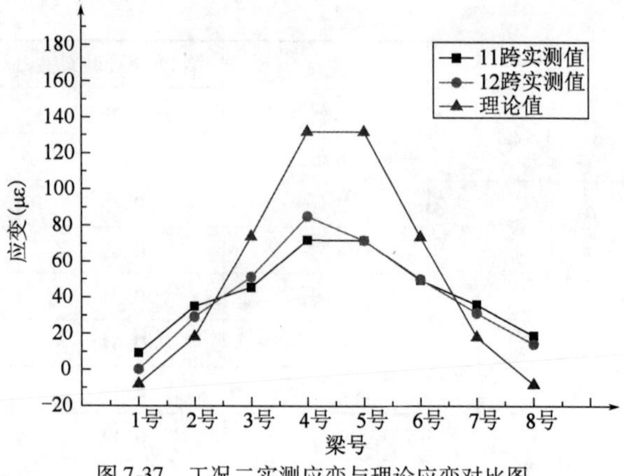

图 7-37　工况二实测应变与理论应变对比图

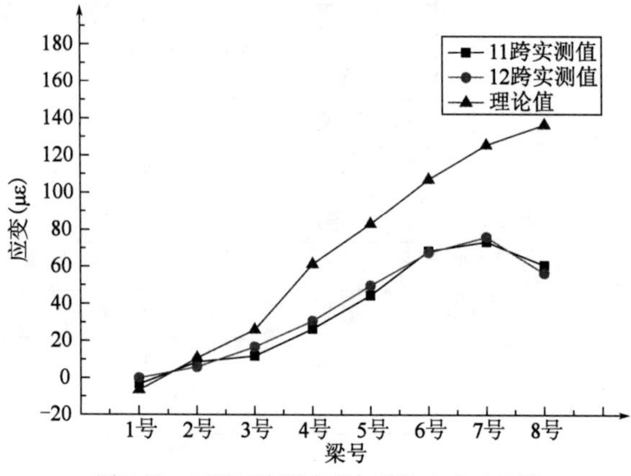

图 7-38　工况三实测应变与理论应变对比图

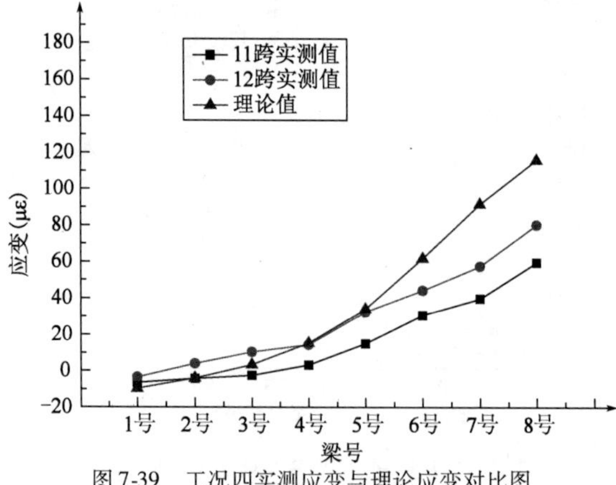

图 7-39　工况四实测应变与理论应变对比图

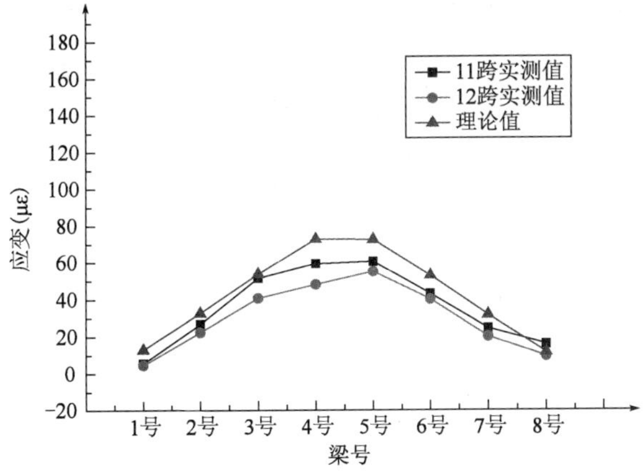

图 7-40　工况五实测应变与理论应变对比图

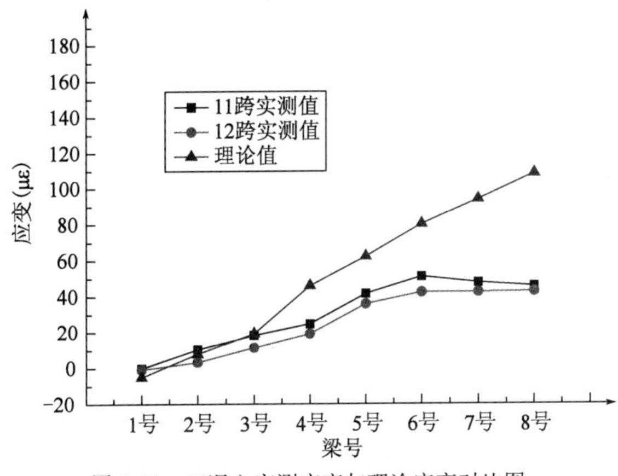

图 7-41　工况六实测应变与理论应变对比图

由各工况的图表比较可以看出,刘江黄河公路大桥第 11 跨与第 12 跨的主要测点实测应变均未超出理论应变,第 11 跨应变的校验系数在 0.20～0.86 之间,第 12 跨应变的校验系数在 0.39～0.85 之间,均满足《公路桥梁承载能力检测评定规程》(JTG/T J21—2011)中校验系数小于 1 的规定,说明试验跨结构强度满足规范要求,抢修后的桥跨受力性能良好。

表 7-15 给出了刘江黄河公路大桥第 11 跨与第 12 跨剪应力测试结果,由表可知实测剪应力小于理论剪应力。

3)测试结果对比分析

根据第 11 跨与第 12 跨的测试结果,选取各工况荷载作用时响应最大的主梁挠度及应变进行对比分析,具体数据见表 7-16。由表 7-16 的比较可以看出,第 11 跨相比第 12 跨实测挠度比值范围在 0.85 ~ 1.14 之间，实测应变比值范围在 0.63 ~ 1.23 之间，说明第 11 跨相比第 12 跨荷载作用下响应最大主梁实测挠度、实测应变基本一致，达到梁体承载力恢复的目的。

工况七实测剪应力和理论剪应力对比（单位：MPa）　　表 7-15

工况	测试截面	梁号	应变计方向	11 跨实测值（με）	12 跨实测值（με）	第 11 跨实测剪应力	第 12 跨实测剪应力	理论剪应力
工况七	3-3 截面	8 号	横向	−5.6	−12	0.391	0.373	0.403
			斜向	5.4	3.1			
			竖向	−13	−4.8			

第 11 跨与第 12 跨测试数据对比分析对比　　表 7-16

工况号	位置	测点	第 11 跨实测值（mm）	第 12 跨实测值（mm）	第 11 跨实测值（με）	第 12 跨实测值（με）	挠度（11 跨/12 跨）	应变（11 跨/12 跨）
工况一	1-1 截面	5 号	−2.243	−2.438	9.0	38.7	0.92	—
		6 号	−3.782	−3.682	42.2	67.1	1.03	0.63
		7 号	−4.848	−5.127	62.9	98.9	0.95	0.64
		8 号	−6.926	−6.351	101.2	105.7	1.09	0.96
工况二	1-1 截面	3 号	−3.048	−3.579	45.4	51.1	0.85	0.89
		4 号	−4.182	−4.491	71.8	85.0	0.93	0.84
		5 号	−4.272	−4.093	71.5	71.5	1.04	1.00
		6 号	−3.377	−3.102	49.5	50.1	1.09	0.99
工况三	1-1 截面	3 号	−1.340	−1.342	11.8	16.8	1.00	0.70
		4 号	−2.307	−2.168	26.4	30.7	1.06	0.86
		5 号	−3.457	−3.163	44.5	49.8	1.09	0.89
		6 号	−4.327	−3.791	68.5	67.6	1.14	1.01
工况四	2-2 截面	5 号	−1.925	−1.768	15.0	22.4	1.09	0.67
		6 号	−2.758	−2.800	30.5	44.1	0.99	0.69
		7 号	−3.968	−3.779	39.6	57.4	1.05	0.69
		8 号	−5.344	−4.763	59.5	80.2	1.12	0.74

续上表

工况号	位置	测点	第 11 跨实测值（mm）	第 12 跨实测值（mm）	第 11 跨实测值（με）	第 12 跨实测值（με）	挠度（11 跨/12 跨）	应变（11 跨/12 跨）
工况五	2-2 截面	3 号	-2.304	-2.617	46.4	40.6	0.88	1.14
		4 号	-3.130	-3.418	59.2	48.0	0.92	1.23
		5 号	-3.260	-3.146	60.5	54.9	1.04	1.10
		6 号	-2.425	-2.371	42.8	39.9	1.02	1.07
工况六	2-2 截面	3 号	-0.923	-0.953	41.6	35.9	0.97	1.16
		4 号	-1.599	-1.644	51.0	42.3	0.97	1.21
		5 号	-2.557	-2.316	47.7	42.4	1.10	1.13
		6 号	-3.202	-2.926	45.7	42.8	1.09	1.07

7.2.4　静载试验结论

（1）第 11 跨各工况荷载作用下主要受力主梁实测挠度值均小于理论挠度值，挠度校验系数在 0.47 ~ 0.78 之间，实测应变均未超出理论应变，应变的校验系数在 0.20 ~ 0.86 之间；第 12 跨各工况荷载作用下主要受力主梁实测挠度值均小于理论挠度值，挠度校验系数在 0.46 ~ 0.71 之间，实测应变均未超出理论应变，应变的校验系数在 0.39 ~ 0.85 之间，均满足《公路桥梁承载能力检测评定规程》（JTG/T J21—2011）中校验系数小于 1 的规定，表明试验跨结构刚度和强度均满足规范要求。

（2）第 11 跨和第 12 跨试验孔在静荷载各级工况作用下，结构构件均未出现裂缝，说明结构抗裂性能良好。

（3）第 11 跨相比第 12 跨荷载作用下主梁实测挠度、实测应变基本一致，达到梁体承载力恢复的目的。

7.3　小结

本章针对受火桥梁加固施工中主梁挠度、应力、裂缝、主梁顶升及基础沉降等进行了全过程监控，依据 Midas/Civil 建立加固后的力学模型和荷载试验成果，分析了加固过程和加固后的效果，通过监测和检测的方法验证和实现设计相关的目标，主要结论为：

（1）桥梁加固施工过程中，将实时的挠度和应力监测结果与预警值进行比较后可以看到，挠度、应力均在安全范围内，整个施工期间桥梁无异常声响、主梁未发现新增裂缝。

（2）桥梁加固施工过程中临时墩扩大基础沉降速率在预警值范围内，临时墩扩大基础承载力满足施工需求。

（3）桥梁加固施工过程中，钢支撑顶升反力与施工顶升力接近，说明顶升力基本满足设计要求；顶升过程中主梁最大顶升量均小于预警值，说明整个顶升处于安全可控状态；主梁浇筑后其跨中位移变化量较小，位移监测结果均在安全范围内。

（4）静动载试验表明，加固后的桥梁过火跨试验结果满足规范要求，并与对比跨符合较好，验证了过火跨桥梁加固的可靠性。

第8章　中小规模桥梁应急抢修模式探索

8.1　桥梁应急抢修模式现状

桥梁应急抢修项目多是由自然灾害、人为事故等原因引发，造成或者可能造成交通运行中断，需要及时进行抢修保通、恢复通行能力，是需要提供应急通行保障的紧急事件。按照现行的《中华人民共和国突发事件应对法》《中华人民共和国公路法》《公路安全保护条例》《中华人民共和国道路运输条例》《公路交通突发事件应急预案》以及各省市政府颁布的地方条例、办法等法律、行政法规、地方规章等规定，在发生公路交通突发事件后，按照性质类型、严重程度、可控性和影响范围等因素，将其分为四级：Ⅰ级（特别重大）、Ⅱ级（重大）、Ⅲ级（较大）和Ⅳ级（一般）。桥梁突发事件多属于Ⅱ级以下类别，由省级及以下交通运输主管部门提供公路交通应急保障。在公路交通突发事故发生后，应急机制迅速启动。一般按照"先控制、后处理"的原则，由相关机构实施先期处置，尽可能控制和缩小影响范围，防止事态扩大；迅速成立应急抢修指挥部门，组织现场控制与处置，包括现场秩序的维护、现场调查拟订方案、组织加固抢修、恢复交通等项内容。

桥梁应急抢修项目的运作模式一般采用较为传统的建设单位主导的平行发包模式，即设计—招标—建造 DBB（Design-Bid-Build）模式。桥梁应急抢修项目一般由受灾项目管养单位作为项目建设单位，开展如下工作：

（1）进行现场调查，组织专家咨询，拟订现场应急处置方案，并根据事件发展趋势，对方案进行调整优化。

（2）通过招标委托有资质的检测、设计单位，对受损桥梁进行现场检测，确定受损情况，设计单位根据检测数据拟订抢修加固方案，由项目建设单位组织专家评审。

（3）通过招标委托有资质的施工单位、材料供应单位，依据方案进行抢修加固，并对成果进行验收。

（4）验收后及时清理现场，恢复交通。

这种模式下项目建设单位直接同咨询、设计、施工等参与方对接，主导完成前期调查、方案确定、设计施工、项目验收等更多个阶段的工作,以及各阶段的招投标管理、合同管理、设备材料采购等相关项目管理工作,建设单位对项目具有较强的控制力。

DBB 模式[85]经过多年的实践,各方对有关程序熟悉,建设单位可自由选择咨询设计人员,对设计要求可控制,可自由选择工程师,可采用各方均熟悉的标准合同文本,有利于合同管理、风险管理和减少投资。但这种模式下开展桥梁抢修项目管理仍存在诸多弊端:一是项目要在设计基本完成后,才开始施工招标,项目衔接刻板,项目周期长,不符合抢修项目对时效性的要求。二是建设单位与设计、检测、施工单位分别签约,自行管理项目,建设单位需要投入大量的人力资源,管理费用较高,前期投入大。三是设计、检测与施工单位的融合度不高,中间环节较多,检测与设计单位交接不平顺会造成检测多次进行,延长设计周期;设计单位需要结合现有的施工设备和施工材料进行,否则会造成施工无法开展;现场监测需要及时将结果通知建设单位、设计单位、施工单位。项目参与方的信息不对称,设计对于施工可行性的考虑不够充分,变更较多,易产生多方矛盾甚至较多索赔。四是出现工程质量事故后,设计、检测、施工单位责任不易辨识清楚,建设单位权益得不到充分保障。五是公路桥梁事故发生后,需要对桥梁进行快速抢修,尽量减少对道路通行性能的影响,尽量减少次生灾害,对于时效性、可操作性和安全性提出了更高的要求。基于以上情况,对于桥梁,特别是中小型桥梁抢修的项目管理模式需要进行进一步的思考和探索。

8.2 桥梁应急抢修管理模式分析

8.2.1 工程项目管理理论与实践的演进

伴随着全球经济的不断发展,近百年来工程项目管理的参与各方经历了“由合而分”,再逐渐“由分而合”的发展演进。传统模式下建设单位、设计单位、承包人组成稳定的“三角模式”,这符合社会专业化分工需求,设计师团队的专业技术服务能力和承包人专业施工管理能力都得到了迅速发展,建设单位接受专业化技术、施工服务,对项目的直接参与逐步减少。但随着项目的工程规模、体量不断扩大,技术复杂程度不断加深,合同关系更加复杂,传统的“三角模式”中各方责任划分不清晰、项目参与方的信息不对称、建设单位的风险过于集中,引发索赔变更数量增加,交易成本因此而增加,影响项目建设成本的不确定因素也随之增多。建设单位、设计单位、承包人三者在工程项目管理中所承担的责任、风险以及所获取的收益之间不断博弈，催生了多种新型工程项目管理模式[86,87]，较为典型的有三种。

（1）CM 模式，Construction Management 模式，又称“边设计、边施工”方式，分阶段发包方式或快速轨道方式。CM 模式是由建设单位委托 CM 单位，以一个承包人的身份，采取有条件的“边设计、边施工”，着眼于缩短项目周期，也称快速路径法。即使用 Fast Track 的生产组织方式来进行施工管理，直接指挥施工活动，在一定程度上影响设计活动，而它与建设单位的合同通常采用“成本 + 利润”这样一种承发包模式，此方式通过施工管理商来协调设计和施工的矛盾，使决策公开化。CM 模式与传统 DBB 模式最大的区别在于改变了过去那种设计图纸全都完成之后才进行招标的连续建设生产模式，即设计与施工平行作业，“设计一部分、招标一部分、施工一部分”，无总承包人，由建设单位直接按每个单项工程与承包人分别签订承包合同。CM 模式有利于设计与施工的充分衔接，缩短建设工期，但是这种局部的设计、施工方式容易忽视整体和全局，不利于项目总体方向和进度的把握，特别是进入项目实质性的实施阶段，建设单位会陷入失去对项目总体控制和进度控制的被动局面。见图 8-1。

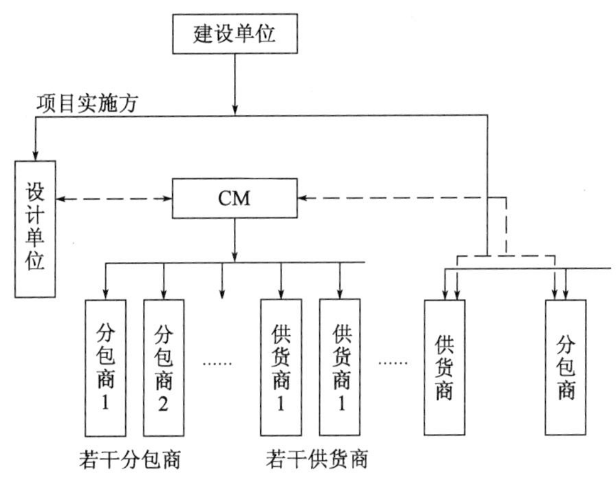

图 8-1　CM 模式示意图

（2）PMC 模式，Project Management Consultant 模式，即项目管理承包。项目管理承包人代表建设单位对工程项目进行全过程、全方位的项目管理，包括工程的整体规划、项目定义、工程招标，以及选择设计、采购、施工承包人，并对项目进行全过程管理。PMC 承包人在项目的设计、采购、施工、调试等阶段的参与程度和职责范围不同，因此 PMC 模式具有较大的灵活性。PMC 模式有三种基本应用：①建设单位选择设计单位、施工承包人、供货商，并与之签订设计合同、施工合同和供货合同,委托PMC承包人进行工程项目管理。②建设单位与PMC承包人签订项目管理合同,建设单位通过指定或招标方式选择设计单位、施工承包人、供货人(或其中的部分),但不签合同,由PMC承包人与之分别签订设计合同、施工合同和供货合同。③建设单位与PMC承包人签订项目管理合同,由PMC承包人自主选择施工承包人和供货商并签订施工合同和供货合同,但不负责设计工作。见图8-2。

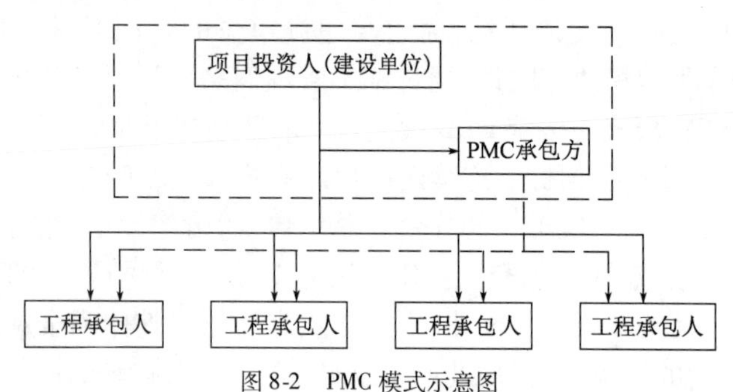

图8-2 PMC模式示意图

(3)EPC模式,Engineering Procurement Construction模式,即工程总承包模式,又称设计、采购、施工一体化模式。它是指在项目决策阶段以后,从设计开始,经招标,委托一家工程公司对设计—采购—建造进行总承包。在这种模式下,建设单位把工程的设计、采购、施工和开工服务工作全部托付给工程总承包人负责组织实施,建设单位只负责整体的、原则的、目标的管理和控制,总承包公司负责对工程项目的进度、费用、质量、安全进行管理和控制,并按合同约定完成工程。FIDIC编制的《设计采购施工(EPC)/交钥匙工程合同条件》(即"银皮书")中对这一模式进行了详细的规定。特别需要指出的是,Engineering所指的设计含义较为广泛,不仅包括单一专业方面的结构设计、外观设计、功能设计,还应包括整个建设工程内容的总体策划以及各阶段的组织管理策划,跨专业、跨功能的联动设计、组合设计等内容,从而进一步推动项目总承包人同建设单位的充分沟通,能充分理解建设单位的真实意图,统筹进行项目的组织策划工作[88]。

建设单位对EPC总承包项目的管控一般采取两种方式:即过程控制模式和事后监督模式。过程控制模式即建设单位聘请监理监督总承包人进行"设计、采购、施工"的各个环节,并签发支付证书。建设单位通过监理工程师对各个环节的监督,介入项目实施过程的管理。事后监督模式即建设单位一般不介入项目实施过程的管理,通过严格的竣工验收对项目实施总过程进行事后监督。无论哪一种管控模式,总承包人在工程项目建设过程中,均享有较大的工作自由。见图8-3。

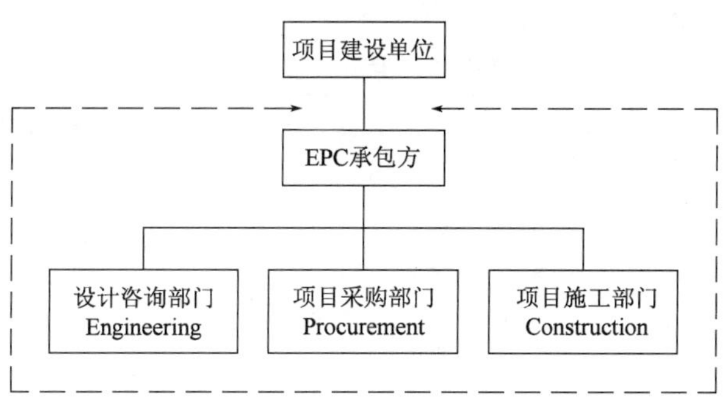

图 8-3 EPC 模式示意图

三种典型模式实际上体现了工程项目管理模式演进的三个阶段：Ⅰ建设单位管理阶段→Ⅱ专业机构管理阶段→Ⅲ设计施工总承包阶段。三个阶段在项目治理上发生了根本的变化，也体现了工程项目管理模式的发展趋势，即设计与施工的一体化以及工程风险由建设单位向工程承包人转移。

以 EPC 为代表的设计施工总承包模式正是契合这种发展趋势的产物[89]，其模式设定体现以下三个特点。

(1)高效从简。建设单位与总承包人构成的二元制体系简洁明了，减少建设单位的管理投入和相应负担，释放了建设单位的管理压力，同时通过选择有经验和能力的高水平总承包人来进行项目管理和组织实施，完成建设单位的预期目标，从而简化了管理程序，提高运行效率。

(2)风险确定。建设单位与总承包人签订 EPC 合同，把建设项目的设计、采购、施工服务工作全部委托给工程总承包人负责组织实施，建设单位通过设定目标、提出要求的方式，将项目运作与施工的风险转移给工程总承包人承担。建设单位的风险在合同签订之初就可以得到很好的确定与控制。

(3)高度协调。在总承包合同框架下，工程的勘察、设计、采购和施工等具体工作全部由工程总承包人承担。工程总承包人可以按照建设单位要求，具体协调参与工程各方的工作进度以及工作流程，实现设计、采购、施工等各阶段工作的深度融合，可极大提高工程实施的效率，最大限度地降低工程成本，保证工期目标，提高工程建设水平。

表 8-1 对三种模式进行了对比，设计施工总承包模式中设计企业、施工企业均可以在持有与工程规模相适应的资质条件下承接工程总承包项目，有利于发挥工程总承包企业的技术和管理优势，促进企业做优做强、转型升级。因此，近年来以 EPC 模式为代表的设计施工总承包模式已经逐渐成为国内工程建设项

目管理模式的主流，在建筑、交通、市政等多个领域广泛应用。

三种模式的优劣及适用项目对比　　表8-1

模　式	优　势	劣　势	适用项目类型
CM	在项目进度控制方面，利于缩短建设周期；可减少因修改设计而造成的工期延误；分包商的选择由建设单位和承包人共同决定，因而更为明智	局部的设计、施工方式容易忽视整体和全局，不利于项目总体方向和进度的把握；分项招标导致承包费可能较高；进入项目实质性的实施阶段，建设单位会陷入失去对项目总体控制和进度控制的被动局面	项目组成或参与单位复杂，对变更的灵活性要求较高，各方面技术不够成熟的项目；建设周期长、工期要求紧，不能等到设计全部完成后再招标的项目；投资量大、规模大的项目
PMC	可充分发挥管理承包人在项目管理方面的专业技能，统一协调和管理项目的设计与施工，减少矛盾；有利于建设项目投资的节省；可对项目的设计进行优化，可实现项目生存期内达到成本最低	建设单位参与工程的程度低，变更权利有限，协调难度大；建设单位很大的风险在于能否选择一个高水平的项目管理公司	投资较大的大型项目
EPC	建设单位只负责整体的、原则的、目标的管理和控制，总承包人更能发挥主观能动性，能运用其先进的管理经验为建设单位和承包人自身创造更多的效益；提高了工作效率，减少了协调工作量；设计变更少，工期较短；项目的价格和要求的工期具有更大程度的确定性	总承包人对整个项目的成本工期和质量负责，加大了总承包人的风险；建设单位对工程项目的干涉较少	适用项目类型广泛

8.2.2　桥梁应急抢修项目总承包模式与我国现行法律的契合性分析

1）关于我国工程总承包模式的法律及政策依据

从20世纪80年代我国开始推行工程总承包模式，相继推出了一系列规定：原建设部于1992年4月颁布《工程总承包企业资质管理暂行规定（试行）》，首次将工程总承包作为一种企业资质加以确立，同时颁发《设计单位进行工程总承包资格管理的有关规定》(建设〔1992〕805 号),规定设计单位经有关勘察设计管理部门审查批准并取得工程总承包资格证书后可承担批准范围内的总承包任务。1997 年《中华人民共和国建筑法》(以下简称《建筑法》)颁布,其第 24 条规定:提倡对建筑工程实行总承包,禁止将建筑工程肢解发包。建筑工程的发包单位可以将建筑工程的勘察、设计、施工、设备采购一并发包给一个工程总承包单位,也可以将建筑工程勘察、设计、施工、设备采购的一项或者多项发包给一个工程总承包单位;但不得将应当由一个承包单位完成的建筑工程肢解成若干部分发包给几个承包单位。《建筑法》的这一规定,在法律层面为 EPC 项目总承包模式在我国建筑市场的推行,提供了具体法律依据。2002 年《国务院关于取消第一批行政审批项目的决定》取消了工程总承包资格核准的行政审批。2003 年,原建设部印发《关于培育发展工程总承包和工程项目管理企业的指导意见》(建市〔2003〕30 号)。根据该意见,工程总承包资格证书废止之后,对从事工程总承包业务的企业不专门设立工程总承包资质。具有工程勘察、设计或施工总承包资质的企业可以在其资质等级许可的工程项目范围内开展工程总承包业务。同时,从事工程总承包的承包人有两类,一类是具有工程勘察、设计或施工总承包资质的勘察、设计和施工企业,经改造和重组后形成的具有设计、采购、施工(施工管理)综合功能的工程公司;另一类是具有工程勘察、设计、施工的企业共同组成一个联合体参与竞标签约。2011 年 11 月,住房和城乡建设部颁布实施的《工程总承包合同(示范文本)》,2012 年 2 月由国家发展和改革委员会联合九部委颁布实施的《标准设计施工总承包招标文件》,标志着国内 EPC 项目工程总承包模式的全面正式启动,同期颁布实施的《中华人民共和国招标投标法实施条例》对标准文本的适用范围做出了明确的规定。2012 年 2 月实施的《中华人民共和国招标投标法实施条例》第二十九条规定:招标人可以依法对工程以及与工程建设有关的货物、服务全部或者部分实行总承包招标。其目的是为了引导和规范总承包,为总承包招标提供必要的法律依据。2015 年 6 月,交通运输部颁布《公路工程设计施工总承包管理办法》,对公路新建、改建、扩建工程和独立桥梁、隧道(以下简称公路工程)的设计施工总承包进行了规定。2016 年 2 月,中共中央、国务院发布《关于进一步加强城市规划建设管理工作的若干意见》,力推工程总承包制。2016 年 5 月,住房和城乡建设部发布了《关于进一步推进工程总承包发展的若干意见》(建市〔2016〕93 号),肯定了工程总包项目模式的积极意义和重要性,倡导政府投资项目和装配式项目积极采用工程总承包模式,并从推动工程总承包行业发展方面提出了相关的优化建议。2017 年 2 月,国务院办公厅印发了《关于促进建筑业持续健康发展的意见》(国办发

〔2017〕19号），再推工程总承包和全过程工程咨询。

总结上述法规及行政规章，对于工程总承包可以梳理以下几点：

首先，我国关于工程总承包的专门立法尚且空白，虽然工程总承包在国内已经推行多年，但目前仍没有出台专门的工程总承包法律法规，《建筑法》、《中华人民共和国招标投标法》（以下简称《招标投标法》）及其实施条例、《中华人民共和国合同法》和《建设工程质量管理条例》等法律法规只是提出了总承包单位可以承接工程建设项目，并对勘察、设计、施工、监理、招标代理、合同订立等有相应的规定，而对于工程总承包这种国际通行的建设项目组织实施方式，在我国的法律法规中还没有系统的规定。

其次，关于工程总承包的主体资质，具有工程勘察、设计或施工总承包资质的企业可以在其资质等级许可的工程项目范围内开展工程总承包业务，工程设计企业可以在其工程设计资质证书许可的工程项目范围内开展工程总承包业务，但工程的施工应由具有相应施工承包资质的企业承担。

最后，关于工程总承包的定义、模式选择以及招标投标、施工许可、竣工验收等制度规定尚不完善，需要政府加快制订。

2）关于我国公路应急抢险相关法律及政策规定

我国现行的公路应急抢险相关法律文件主要包括：《招标投标法》《中华人民共和国突发事件应对法》《中华人民共和国公路法》《公路安全保护条例》《中华人民共和国道路运输条例》和《公路交通突发事件应急预案》，以及省级政府制定的应急预案、管理办法等地方规章，如《河南省公路交通突发事件应急预案》《四川省抢险救灾工程项目管理办法》《青海省公路抢险救灾工程管理办法》《浙江省公路抢险应急及小额零星工程管理暂行办法》等。上述法律及规章对于公路应急抢险项目的范围、抢险工作原则、应急启动程序、参与各方的相关责任进行了规定和要求。

总结上述法规及行政规章，应急抢险项目有以下几个特点：一是突出“快”字，要求高效地消除灾害，抢通保通，减少损失。如《青海省公路抢险救灾工程管理办法》规定：“应急抢险保通工程的施工、监理、设计队伍的选择依照就近、快速的原则，顺序如下：第一时间做出反应，赶赴现场的公路养护队伍；现场抢险保通指挥机构，征调的临近养护单位队伍；交通主管部门就近征调的公路施工队伍”。二是重视专家意见，行业专家参与拟定、修订突发公共事件应急预案工作，并对应急救援工作进行技术指导。如《河南省公路交通突发事件应急预案》规定：“专家咨询机构由交通运输行业及其他相关行业工程技术、科研、安全管理和应急救援等方面的专家组成。按照应急指挥部的要求，预测评估、研究分析公路交通突发事件的情况和发展趋势，为应急指挥部决策提供技术支持，协助开展公路突发事件应急救援工作”。三是应急抢险项目的经费由政府财政保障。《公路交通突发事件应急预案》规定，公路交通应急保障所需的各项经费，应按照现行事权、财权划分原则，分级负担，并按规定程序列入各级交通运输主管部门年度财政预算中。《河南省公路交通突发事件应急预案》也明确规定，各级政府要将公路交通突发事件的应急救援经费纳入同级财政预算予以保障。

3）桥梁应急抢修项目总承包模式与相关法律的契合性

（1）桥梁应急抢修项目适用《招标投标法》第六十六条规定，抢险救灾项目依法可以不进行招标。

《招标投标法》第六十六条规定：涉及国家安全、国家秘密、抢险救灾或者属于利用扶贫资金实行以工代赈、需要使用农民工等特殊情况，不适宜进行招标的项目，按照国家有关规定可以不进行招标。抢险救灾不适宜招标的情形包括发生地震、风暴、洪涝、泥石流、火灾等异常紧急灾害情况，需要立即组织抢险救灾的项目。例如必须及时抢通因灾害损毁的道路、桥梁、隧道、水、电、气、通信以及紧急排除水利设施、堰塞湖等项目。这些抢险救灾项目若无法按照规定的程序和时间组织招标，将对国家和人民群众生命财产安全带来巨大损失。这些项目同时满足两个条件：一是在紧急情况下实施，不能满足招标所需时间；二是不立即实施将会造成人民群众生命财产损失。中小桥梁应急抢修项目符合上述紧急、危害状况，适用《招标投标法》第六十六条的规定。2016 年 2 月 1 日起实施的《公路工程建设项目招标投标管理办法》第九条也规定：涉及国家安全、国家秘密、抢险救灾或者属于利用扶贫资金实行以工代赈、需要使用农民工等特殊情况的公路工程建设项目，可以不进行招标。《四川省抢险救灾工程项目管理办法》也有类似规定：道路桥梁等交通设施抢通、保通、修复、临时处置及技术评估等抢险救灾工程项目，按照国家有关规定可以不招标不比选，直接确定承包单位。

（2）桥梁应急抢修项目触发应急机制，由政府财政资金提供保障的，适用《中华人民共和国政府采购法》（以下简称《政府采购法》）及其实施条例的有关规定。

《政府采购法》所称采购，是指使用财政性资金以合同方式有偿取得货物、工程和服务的行为，包括购买、租赁、委托、雇用等。这里所指的工程和服务是指建设工程，包括建筑物和构筑物的新建、改建、扩建及其相关的装修、拆除、修缮等；与工程建设有关的服务，是指为完成工程所需的勘察、设计、监理等服务。《政府采购法》对于采购工程服务所采取的模式并未有明确的限定，因此在实践中设计、采购、施工平行发包模式，设计施工总承包模式都有实际的应用。《政府采购法》第四条规定，政府采购工程进行招标投标的，适用《招投标法》。但是《政府采购法》对可不进行招标的政府采购工程适用的采购方式没有做出规定。《中华人民共和国政府采购法实施条例》第二十五条对此做出了补充规定：政府采购工程依法不进行招标的，应当依照竞争性谈判或者单一来源采购方式采购。《政府采购法》第三十条和第三十一条分别规定了竞争性谈判和单一来源采购的适用情形。其中第三十条第三项和第四项对于公路中小桥梁应急抢修项目适用性极强，其分别规定：采用招标所需时间不能满足用户紧急需要的以及不能事先计算出价格总额的，应当采用竞争性谈判的方式。《政府采购法实施条例》第二十六条专门对此做了进一步的解释。采用招标所需时间不能满足用户紧急需要的，应当是采购人不可预见的或者非因采购人拖延导致的。这里所指的采购人不可预见的情形主要是指采购人前期无法预知的，如因灾害引发的道路、桥梁损毁，需要紧急抢修的工程等。不能事先计算出价格总额的，是指因采购艺术品或者因专利、专有技术或者因服务的时间、数量事先不能确定等导致不能事先计算出价格总额。桥梁应急抢修项目可能因为对桥梁损害的实际情况无法做出准确判断导致政府向社会力量购买服务的时间、数量事先不能确定，再加上对可能应用的专利、专有技术尚缺乏公开的市场定价，也会导致上述情况发生。需要明确的是，该项采购的功能定位不是必须采用某一特定专利或者专有技术才能满足要求，否则适用的就不是竞争性谈判而是单一来源采购。

(3)桥梁应急抢修项目总承包模式其他法律适用分析。

《建筑法》主要适用于在境内从事建筑活动，包括各类房屋建筑及其附属设施的建造和与其配套的线路、管道、设备的安装活动。也即是说《建筑法》仅对境内房屋建筑的工程总承包模式进行了规制，没有广泛意义，因此不适用公路抢险救灾项目。交通运输部《公路工程设计施工总承包管理办法》的适用范围也有明确的限定，包括公路新建、改建、扩建工程和独立桥梁、隧道的设计施工总承包。因此，公路中小桥梁应急抢修项目采用设计施工总承包模式的也不适用该办法。

(4)住房和城乡建设部《关于进一步推进工程总承包发展的若干意见》(以下简称《意见》)的积极意义。

统一了工程总承包的概念。《建筑法》未对施工总承包和工程总承包的概念做出明确的界定，也导致两个概念的法律责任不清晰。而《意见》明确规定：工程总承包是指从事工程总承包的企业按照与建设单位签订的合同，对工程项目的设计、采购、施工等实行全过程的承包，并对工程的质量、安全、工期和造价等全面负责的承包方式。同时《意见》进一步明确了工程总承包一般采用设计—采购—施工总承包(EPC)或者设计—施工(DB)总承包两种模式。

明确了合同价格模式。工程总承包项目可以采用总价合同或者成本加酬金合同。总价合同是指根据合同规定的工程施工内容和有关条件,建设单位应付给承包人的款额是一个规定的金额,即明确的总价;成本加酬金合同,是由建设单位向承包人支付工程项目的实际成本,并按事先约定的某一种方式支付酬金的合同类型,即工程最终合同价格按承包人的实际成本加一定比例的酬金计算,而在合同签订时不能确定一个具体的合同价格,只能确定酬金的比例,其中酬金由管费、利润及奖金组成。两种价格模式都各有其优点、局限性以及适用的前提,例如,美国五角大楼修建工程采用的就是成本加酬金模式。

明确了资质要求。在《标准设计施工总承包招标文件》中并没有明确规定设计施工总承包所需要的资质,招标人可以自主决定设计施工总承包人是否需要的资质,或者需要什么样的资质。此次《意见》明确要求工程总承包企业应当具有与工程规模相适应的工程设计资质或者施工资质。实际上要求工程总承包人必须有资质,要么有工程设计资质,要么有施工资质。

明确了工程总承包项目的分包。除规定严禁转包和违法分包外,《意见》对工程总承包项目的分包做出了明确规定,工程总承包企业可以在其资质证书许可的工程项目范围内自行实施设计和施工,也可以根据合同约定或者经建设单位同意,直接将工程项目的设计或者施工业务择优分包给具有相应资质的企业。仅具有设计资质的企业承接工程总承包项目时,应当将工程总承包项目中的施工业务依法分包给具有相应施工资质的企业。仅具有施工资质的企业承接工程总承包项目时,应当将工程总承包项目中的设计业务依法分包给具有相应设计资质的企业。

明确了总承包人总负责的原则。落实工程总承包单位在工程质量安全、进度控制、成本管理等方面的责任。除以暂估价形式包括在工程总承包范围内且依法必须进行招标的项目外,工程总承包单位可以直接发包总承包合同中涵盖的其他专业业务。

综上所述,经过数十年的探索,总承包模式以及公路应急抢修相关法律法规及政策指引不断修订并日趋完备,采用总承包模式开展桥梁应急抢修项目符合现行法律的要求,其合法性并无疑问,只是目前关于总承包的专门立法相对滞后,缺乏系统的法律规制。需要总结设计施工总承包模式在实践中的应用经验,加快完善工程总承包相关的招标投标、施工许可、竣工验收等制度规定,尽快改变总承包模式立法滞后的现状,更积极地推动建设项目组织实施方式的变革。

8.3 中小规模桥梁应急抢修项目推行总承包模式设想

8.3.1 以设计单位为工程总承包主体的桥梁应急抢修

EPC模式的组织结构一般分为：以施工单位为总承包人、以设计单位为总承包人、设计和施工企业以联合体方式组成总承包人、兼有设计及施工资质的企业为总承包人四类。除兼有设计及施工资质的企业为总承包人外，又可以分为：以施工单位为主体和以设计单位为主体的EPC模式，目前国内实施的工程总承包中，多数是以施工单位为主体，主要原因是因为施工单位自身具有资金储备、项目管理人员、施工管理经验等先天优势，但是随着设计单位规模的不断壮大，自身人才、资金合技术实力的不断增强，设计单位向产业链两端延伸的愿望越来越迫切，由专业化设计研发团队转型成为工程总承包主体成为主要路径之一。以设计单位为工程总承包主体[90,91]具备以下几点优势。

（1）利于发挥设计的源头主导作用。设计是一个工程项目的发起端，设计方案的优劣会对整个工程项目的进度、质量、效益产生巨大的影响。根据国外专业机构测算，在工程可研及初设阶段，对工程投资影响度达60%～70%，而这一阶段的工作主要由设计方完成。以设计单位为工程总承包主体，工程风险也相应地由建设单位转嫁到设计单位。设计单位的收益和风险控制要求，必然推动其优先考虑项目整体利益最大化，从源头发挥专业技术优势，详细深入地研究项目情况，通过多种设计方案的对比，提出最优的设计方案，使资源得到合理配置，便于施工组织，减少后续变更，达到降低造价，提高效益的目的。

（2）利于设计、采购、施工的充分衔接。以设计单位为工程总承包主体，能够将设计意图直接有效地同采购、施工环节进行沟通，减少因设计意图理解不到位引发的错误和问题。在施工过程中，设计师始终在现场同时与施工、采购方对接，及时处理施工中的技术问题，优化设计方案，更能体现设计、采购、施工三位一体的科学性和合理性。

（3）利于规范、标准、设计意图的执行。设计单位属于人才密集型单位，对于规范和标准的理解较为深入，能严格执行相关法律法规，以设计单位为主体进行全过程控制能有效执行设计阶段的设计意图，让检测更为有效，让施工更为可靠，以技术为核心而非以管理为核心，最优化抢修工程的实施。

（4）利于缩短工期，降低投资。以设计单位为工程总承包主体，对工程技术标准、工程所需材料设备清单、工程竣工验收标准及项目投入运营阶段的各项参数指标有充分的了解。在项目实施过程中设计单位能够在技术的支持下主导设计、采购、施工的合理交叉，也可以实现边设计、边采购、边施工的推进模式，从而缩短工程建设工期，降低工程造价。

(5)利于新技术、新工艺的应用。设计单位对行业新技术、新工艺的研究成果有充分的了解，在项目实施过程中便于实践和应用，达到提高工程质量和效率的目的。

中小桥梁应急抢修项目多是工程体量不大、项目组织复杂程度较低的项目，对于资金储备、项目管理、采购的要求相对大型项目不高，但是项目对于时效、技术服务的要求非常高，因此以设计单位作为总承包主体，更有利于发挥其技术主导优势，减少技术与施工衔接的中间环节，持续优化设计降低造价，大幅度提高桥梁抢修效率。

8.3.2　建立应急抢修项目设计施工总承包单位资格认定制度

中小桥梁应急抢修项目具有地域性，因此交通运输部门一般按照统一领导、分级负责、属地管理、联动协调的工作方式，启动应急工作。快速、有序、高效组织应急行动，保障畅通，最大限度减少人员伤亡、环境影响及财产损失是应急抢险的核心原则。政府部门一般设有应急专家咨询机构，遴选具有丰富经验和较高技术水平的行业内外专家组成专家库，为应急救援工作提供科学、有效的决策参考。同时，还有一些地方政府更加重视勘察设计单位在应急救灾中的作用，例如《青海省公路抢险救灾工程管理办法》就有类似的规定：在建项目灾后恢复工程的勘察设计，一般由原勘察设计单位进行，技术特别复杂的，可以由原设计单位邀请有相应经验和能力的单位参与联合设计。

商务部现行的《对外援助项目实施企业资格认定办法(试行)》对于对外援助的成套项目、物资项目、技术项目的总承包企业和实施单位，实行资格认定和资格管理制度。商务部根据援外项目实施企业的不同类别，分别采用资格审查或资格招标方式进行援外项目实施企业资格认定。经资格认定的援外项目实施企业可在相应的资格类别范围内承担援外项目具体实施任务。通过限定资格条件和认定方式，商务部组织专家对申报企业进行资格招标或资格审查，最终遴选出合格企业，并予以公示。商务部通过行政许可的方式，向合格企业颁发有效期为三年的许可文件，确认其参与国家对外援助项目的资格，同时商务部还建立援外项目实施企业诚信评价体系，根据企业遵守援外管理规章和履行项目实施合同情况对企业诚信状况进行评价，并对撤销实施资格的情形，做出具体的规定。

借鉴应急抢险专家库以及商务部对外援助项目实施企业资格认定的模式，管理部门可以建立应急抢险项目总承包单位库。通过资格招标或者资格审核的方式，选出具有相应资质和能力的检测、设计、施工单位以单独或者联合体的形式进行有限期的资格认定。一旦发生道路桥梁灾害，按照原设计单位优先、第一时间到达现场单位优先等原则，迅速遴选出应急抢修项目的总承包单位，检测、设计人员第一时间进入现场开展工作，提出科学合理的处置方案和意见，提高抢修效率，最大限度地减少损失。

8.4 实例分析

刘江黄河特大桥北引桥火灾事故发生后，交通运输部门立即启动了应急响应机制。项目原勘察设计院技术专家组在第一时间赶赴现场，协助进行火情处置。大火扑灭后，原勘察设计单位12h内完成了桥梁的检测工作，桥梁设计团队依照检测结果快速提出了5个加固设计方案，项目管养单位随即组织召开了“桥梁加固方案专家研讨会”，与会专家在会上一致通过了置换梁体加固方案，认为该设计方案速度快、效果好、可实施性强。随后，通过竞争性谈判，同时具备公路行业设计甲级、公路工程综合甲级试验检测、特种专业工程专业承包资质的原项目勘察设计院承担了项目检测、监测、监控、抢修加固方案设计以及后续施工工作。该设计院迅速调配水切割设备等各类工程机械设备及车辆80余部、技术管理人员及施工人员120余名开赴现场，经过25个昼夜不停的艰苦奋战，桥梁修复顺利完成，在最短时间内全面恢复通行。

与以往桥梁抢修项目不同，由于受委托的试验检测、设计和施工、采购属于同一家单位，所以项目实际上采取了类似于设计—采购—施工总承包的管理模式，设计院作为总承包人为项目建设单位提供了设计和施工服务，并对项目全过程的造价、工期、质量负责。

从项目的实际情况来看，项目建设单位直接对接设计院，由多头管理（图8-4）转变为统一管理（图8-5），提高了管理效能；检测、设计与施工单位合而为一，减少了中间关节，提高了组织水平；项目实施周期由常规的60d缩短到25d，整个项目的工期缩短近60%，大大提高了项目效率，也减少了因桥梁阻断产生的经济损失和次生灾害再生。实践证明，运用以设计院为主导单位的EPC设计施工总承包模式，开展中小桥梁应急抢修，从项目组织管理、经济与社会效益等多个角度，均验证了模式的有效性。

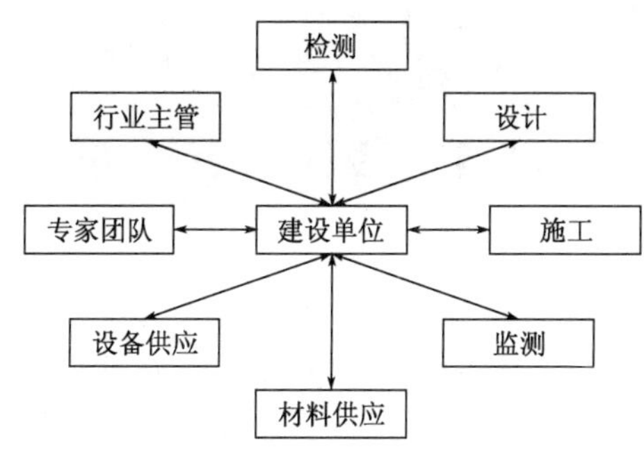

图 8-4 原有常规多家单位参与的抢险救援模式

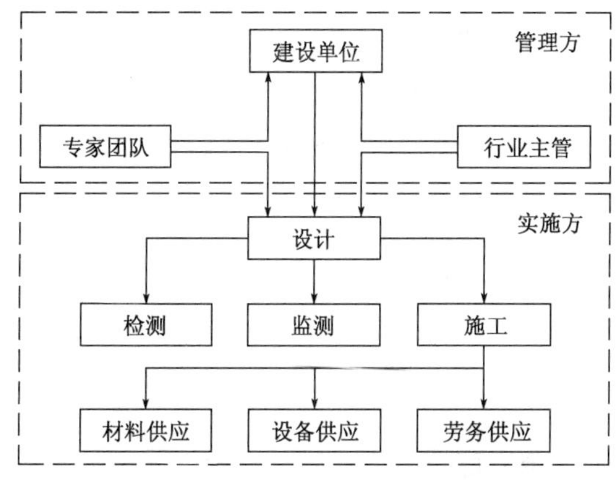

图 8-5 刘江黄河特大桥北引桥抢险救援模式

8.5 小结

在近阶段,总承包模式已经成为国家在工程建设领域大力推动的建设项目组织实施模式。国务院、住房和城乡建设部连续发文在建筑行业力推总承包模式;修订工程总承包合同示范文本被列入了住房和城乡建设部建筑市场监管司2017 年工作要求;吉林、福建、湖南、广西、四川、浙江、广东、云南、湖北、上海、重庆、深圳等省市也在积极推行工程总承包模式试点。先推试点,通过实践总结经验,而后完善立法,这是工程建设领域国家立法的基本规律。因此,在目前阶段更应该大胆尝试,积极推广以设计单位为主体的工程总承包模式在中小桥梁应急抢修项目中的应用。

附录1　界　面　胶

桥梁新建施工、改扩建、加固工程中大量存在不同龄期混凝土接合的情况，不采取有效措施、采取不当措施或采用劣质材料处理时，极易出现冷缝，并可能导致后期产生混凝土开裂病害，影响结构耐久性及结构安全。

1)定义

用胶体黏结新老混凝土界面是指桥梁工程中不同龄期混凝土界面施工时采用界面胶对其进行黏结，从而保障新老混凝土间有效传递剪力的技术措施。现行行业标准生产的界面剂，由于其性能要求很低，无法在承重结构中应用，为了区别界面剂，提出了界面胶的概念。

2)界面胶施工要求

(1)原有混凝土基材表面处理。

界面粗糙度是影响新老混凝土接合能力的主要因素之一，目前存在的常见界面处理方式中：人工凿毛法、钢丝刷毛法、机械凿毛法、喷砂法、高压水破除法等无论采用何种处理方式，均需满足《公路桥涵施工技术规范》(JTG/T F50—2011)中对凿毛处理的相关规定。施工时对混凝土交界面进行清理、凿毛，去除表面浮沉、油污等杂质，直至露出无损的坚硬、密实和粗糙的结构面，表面处理后，应用高压水冲洗并保持面层潮湿状态。

(2)调制胶体。

按照法施达(大连)工程材料有限公司的产品说明书，FAY133A/B界面胶调制时，A、B组分配比$A:B=5:2$。按照当次施工的面积进行配置，避免浪费。

(3)喷涂机具。

包括搅拌器、配制容器、气泵喷枪。

(4)喷涂界面胶。

改性环氧类界面胶FAY133A/B涂布胶层厚度控制在1mm之内，按照实际情况，为保证施工质量及进度，界面胶的涂布一般采用机械喷涂的方式，用喷枪将界面胶均匀地喷涂在新混凝土和钢筋上，胶层厚度应为0.5～1mm。混凝土界面凿毛处理后，喷涂满足规范要求的界面胶可有效地提高界面的黏结强度和剪切强度。《工程结构加固材料安全性鉴定技术规范》(GB 50728—2011)中对于界面胶的性能有明确的要求:正拉黏结强度应至少大于混凝土的内应力,在3MPa 以上;黏结剪切强度≥4.0MPa;可以在明水中固化;通过抗震、动荷载的抗冲击剥离试验;通过 90d 抗湿热老化试验等。当改性环氧类界面胶的性能满足以上要求,方可作为新老混凝土界面处理界面胶使用。同时界面胶在施工时应有足够的适用时间,即喷涂界面胶后应保证下一步施工可以在胶体的有效时间内完成:根据施工现场的普遍情况,界面胶应在气温 25℃时保证至少 16h 的适用时间。

3)应用

胶体黏结新老混凝土界面处理方法不论在处理效果、施工效率方面远优于其他处理方法,并已在桥梁改扩建、加固项目中运用,并值得在桥梁新建施工中推广,但根据桥梁新建施工的施工特点和环境,除了在混凝土界面处理效果、胶体性能指标方面必须得到保证的同时,如何改良胶体喷涂施工工艺和配套设备,以满足桥梁新建施工时方便快捷、规范化、标准化的要求,是界面胶黏结混凝土界面施工以后需要解决的问题。

附录2 水力清除混凝土技术

1)概述

水射流破除混凝土技术于二十世纪八十年代在欧美国家兴起,当时主要用来破除受盐侵蚀等伤害的桥面混凝土。相对于用风镐破除混凝土,该技术不会对桥梁结构产生裂纹扩展的危害,不破坏钢筋结构便能清除附着在钢筋上的混凝土,噪声小,不会产生粉尘,被认为是更安全、更高效、更环保的技术,现如今在欧美及日韩已有广泛的应用,近几年,国内也开展了该项技术的研究及应用。

2)工作原理

高压水流进入混凝土集料间的空隙及微裂缝,在材料内部造成较大的瞬时应力,并使该处混凝土处于受拉状态,当拉应力达到材料破坏的临界值时,混凝土就被破碎,表现为混凝土碎块从建筑物上崩裂出来。

3)相关设备

高压水流破除混凝土技术主要采用高压水发生设备和混凝土破除执行设备进行作业。高压水发生设备一般为大功率高压泵站,目前较先进的混凝土破除执行设备为破除机器人,机器人可按照设定的程序夹持喷枪进行作业,机器人步进速度、喷枪摆动频率、喷枪工进速度、射流入射角均可进行一定范围内的调节。

泵站机组的主参数一般为功率范围400~800kW(常用功率范围为600~800kW,功率越大效率越高)、压力范围100~200MPa、流量范围150~220L/min。机器人喷枪摆动频率可在0~250次/min之间调节,喷枪工进速度可在0~15m/min之间调节,机器人步进速度可在0~3m/min之间调节,射流入射角可在0~45°之间调节。

4)技术特点及优势

(1)清除混凝土同时完整保留钢筋:高压水流无法进入较结构致密的钢筋内部,故可以完整保留钢筋,也避免了风镐破除时将钢筋打弯时的情况。

(2)无振动,不产生裂纹:高压水流与混凝土有效连续接触的时间很短,水流在混凝土内部形成的应力消散较快,不会像风镐作业时产生较大振动和微裂纹。

(3)效率高:高压水清除混凝土技术在处理混凝土时的作业效率一般是1~

$3m^3/h$(视混凝土强度等级及现场作业情况),比人工风镐作业的效率高15~20倍。

(4)噪声小,不产尘:主要作业介质是水,本身不产生扬尘,同时水雾还可净化混凝土破碎时产生的微量扬尘。

(5)可获得更好的黏结面:采用高压水破除混凝土技术得到的混凝土表面相当于凿毛后的表面,更有利于新旧混凝土的黏结。

(6)可多角度灵活作业:可以通过调整破除执行机构的行走轨道或平台,可以灵活处理平时人工作业不易达到的部位(墩柱、梁体底板、梁体翼板、梁体腹板等)混凝土。

5)应用实例

(1)京港澳高速某段沙河大桥和漳河大桥改扩建工程,应用了河南伯淼水处理有限公司的高压水射流设备对桥梁翼板混凝土进行清除,在完整保留钢筋的情况下破除了旧桥混凝土,加快了该改扩建项目中的钢筋混凝土工程施工进度。

(2)在太原某图书馆改扩建工程中,应用了河南伯淼水处理有限公司的高压水射流设备对强度等级为C25的立柱混凝土进行清除。

(3)在柳州市某市政桥梁改建工程中,应用了河南汇新工程科技有限公司的高压水射流设备对梁体C50的混凝土进行10cm深度范围的清除,剔除病害混凝土的同时并完整保留钢筋,清除后第二天即进行了混凝土重新浇筑作业。

6)发展趋势

现今的市政路桥养护推行夜间施工、昼间不断行的养护维修模式,这也对高压水破除混凝土技术的效率提出了更高的要求,研究开发更高效的设备也将成为必然。另外,高压水破除混凝土技术进行施工时产生的废渣与废水,其回收再利用方面的研究开发也是这项技术未来发展的趋势。

附录3　智能预应力碳纤维板加固技术

1)概述

随着桥梁加固技术的革新,预应力碳纤维板加固桥梁技术得到了广泛的应用,但在评价该桥梁加固技术的加固效果以及施加的预应力损失监测方面存在欠缺。传统的监测方式如外贴应变片或传感器,其存在安装误差、粘贴胶有老化隐患、保护不充分、易破坏、耐久性差等缺点,后期进行监测时,需二次人工投入。智能碳板加固与监测系统可以克服上述缺点,集加固与监测于一体,可实现长期而有效的监测。

2)工作原理

预应力碳纤维板加固体系(附图3-1)主要包括碳纤维板、锚具、支座、张拉设备、拉杆及压条等。整个加固体系包含2个锚具和2个支座,固定端锚具在支座的作用下始终不产生任何位移,张拉端锚具通过螺杆与张拉端支座形成联系。张拉装置置于张拉端支座的一侧。施加预应力时,由于固定端锚具保持不动,千斤顶作用于张拉端支座,通过螺杆带动张拉端锚具逐渐移动,从而实现碳纤维板的伸长。

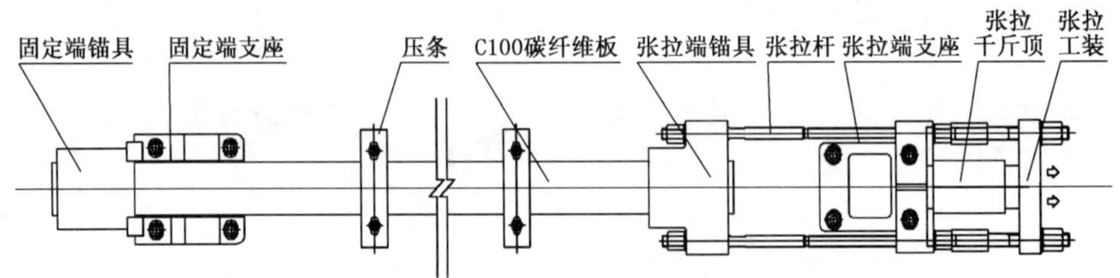

附图3-1　ZXPC预应力碳板加固体系

在普通碳纤维板拉挤生产过程中,耦合光纤光栅传感器,兼具受力承载与感知传感功能。智能碳板(附图3-2)加固工作原理与普通预应力碳板加固系统相同。将智能碳板的光纤光栅跳线与ZX-FP解调仪相连接,通过自带软件进行信号解调以及数据处理,可实现施工监测以及长期的运营监测,为桥梁的加固效果和碳纤维板的预应力损失提供数据支撑。

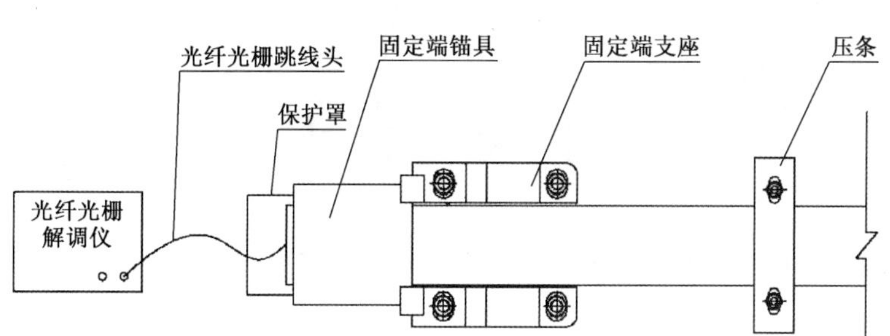

附图 3-2　ZXSPC 智能碳板加固与监测体系

3）系统特点

（1）感知性能稳定：线性重复率可达 99%，稳定性达 0.5% F. S.，分辨率为 1με。

（2）兼顾受力与感知：实现构件加固的同时，可以对加固部位进行检测（监测）。

（3）可设计性高：可以根据不同的工程需要，加工出不同尺寸、不同强度，具有多个监测点的智能碳板。

（4）监测结果精度高，不受电磁干扰。

（5）监测量程大：量程不小于 10 000με。

4）应用实例

（1）河南赵心沟大桥维修加固工程：采用智性科技南通有限公司 ZXSPC-10014 智能碳板，张拉控制应力 1 000MPa，监测数据显示预应力碳板初始张拉预应力损失量为 2.9% ~5.4%；加固完成三个月后，预应力后续损失为 1.3% ~2.2%。

（2）贵阳市西路高架桥维修加固工程：采用智性科技南通有限公司 ZXSPC-502 智能预应力碳纤维板，张拉控制应力 1 200MPa，监测数据显示预应力碳板初始张拉过程中存在预应力损失最大为 6.6%。

5）发展趋势

预应力碳纤维板加固技术主要适用于加固中小型钢筋混凝土桥梁，它能够有效地闭合混凝土微小裂缝，提高结构的抗弯承载力，相比于其他发展较早的桥梁加固技术，预应力碳纤维板加固技术加固效果好、可靠稳定、施工操作简单、环境污染小，具有良好的应用前景。随着预应力碳纤维板加固技术的普及，对于其预应力损失的监测愈加重要，关乎桥梁的加固效果以及承载能力现状，而智能碳板加固与监测系统，可同时进行加固与监测工作，该技术已在全国多个旧桥加固监测实例中得到广泛的应用，具有良好的市场前景。

参 考 文 献

[1] 编辑部中国公路学报. 中国桥梁工程学术研究综述·2014[J]. 中国公路学报,2014(5):1-96.

[2] 林辉,孟书涛. 钢桥防火安全评价及设计方法初步研究[J]. 铁道建筑,2012(6):6-9.

[3] 李国强,吴波,蒋首超. 工程结构抗火研究进展与建议[J]. 建筑钢结构进展,2010(5):13-18.

[4] S H Ingberg. Tests of the Severity of Building Fires[J]. NFPA Quarterly,1928(22).

[5] Kawagoe K. Fire behaviour of FRP reinforced or confined concrete. Building Research Institute,Ministry of Construction (Japan)[R],1958.

[6] Harmathy T Z,Mehafey J R. Normalized Head Load: A Key Parameter in Fire Safety Design[J]. Fire and Materials,1982,6(1):27-31.

[7] Paya-Zaforteza I,Kodur V,Garlock M. Fire hazard in bridges: Review, assessment and repair strategies[J]. Engineering Structures,2012(35):89-98.

[8] 刘其伟,王成明,罗文林. 预应力混凝土空心板梁火灾仿真分析与评估[J]. 公路交通科技,2013(12):59-68.

[9] 张岗,贺拴海,刘扬,等. 火灾全程预应力混凝土 T 梁桥刚度衰变[J]. 长安大学学报(自然科学版),2016(1):51-57.

[10] Huang Z,Platten A,Roberts J. Non-linear finite element model to predict temperature histories within reinforced concrete in fires[J]. Building and Environment,1996,31(2):109-118.

[11] Majkut S,Franssen J,Dotreppe J C. Failure of a tied-arch bridge submitted to a severe localized fire[M],2005.

[12] Franssen J M. SAFIR: A thermal structural program for modeling structures under fire[J]. Engineering Journal-American Institute of Steel Construction Inc,2005,42(3):143-158.

[13] 余志武,唐国庆,丁发兴. 三面受火钢筋混凝土梁温度场非线性分析[J]. 建筑科学与工程学报,2005(4):11-14.

[14] 房帅平.预应力混凝土箱梁桥抗火性能研究[D].西安:长安大学,2011.

[15] Erlin B, Abrams M S. Estimating post-fire strength and exposure temperature of prestressing steel by a metallographic method[R]. JPCA Res, 1967.

[16] Martin L D, Gustaferro A. Design for fire resistance of precast prestressed concrete[M]. Chicago, IL (USA): Prestressed Concrete Institute, 1988.

[17] Masumura R A, Chang Griffis C A. Thermal response of graphite epoxy composite subjected to rapid heating[J]. Journal of Composite Materials, 1981, 15(5): 427-442.

[18] Bisby L A. Fire behaviour of FRP reinforced or confined concrete[D]. Kingston: Queen's University, 2003.

[19] 范进,吕志涛.高温后预应力钢丝性能的试验研究[J].工业建筑,2002(9):30-31.

[20] 肖建庄,王平,朱伯龙.我国钢筋混凝土材料抗火性能研究回顾与分析[J].建筑材料学报,2003(2):182-189.

[21] 蔡跃,黄鼎业,熊学玉.预应力混凝土结构材料高温下的力学性能及模型[J].四川建筑科学研究,2003(4):82-84.

[22] 王俊,蔡跃,黄鼎业.预应力钢筋高温蠕变试验研究及有限元分析应用[J].土木工程学报,2004(11):1-5.

[23] 吴波,万志军.碳纤维布及胶粘剂的高温强度研究[C]//第三届全国钢结构防火及防腐技术研讨会暨第一届全国结构抗火学术交流会论文集.福州,2005:386-393.

[24] England G L, Yu Krishnamoorthy S. The behaviour of prestressed concrete portal frames as influenced by creep and temperature[J]. Magazine of Concrete Research, 1971, 23(74): 23-36.

[25] Bailey C G, Ellobody E. Modelling of unbonded post-tensioned concrete slabs under fire conditions[J]. Fire Safety Journal, 2009, 44(2): 159-67.

[26] Gustaferro A H. Fire resistance of post-tensioned structures[J]. PCI Journal, 1973, 18(2): 38-62.

[27] T R Joseph, I Son. Report on Unbonded Post-Tensioned Prestressed, Reinforced Concrete Flat Plate Floor with Expanded Shale Aggregate[J]. Journal of the ACI, 1968, 13(2): 45-56.

[28] CEN (European Committee for Standardisation). Eurocode 2: Design of Concrete Structures. Part1.2: General Rules Structural Fire Design[S], 1995.

[29] 中华人民共和国国家标准. GB 50045—1995 高层民用建筑设计防火规范[S]. 北京：中国计划出版社,1995.
[30] 中华人民共和国国家标准. GB 50016—2014 建筑设计防火规范[S]. 北京：中国计划出版社,2014.
[31] 中华人民共和国国家标准. GB 50016—2006 建筑钢结构防火技术规范[S]. 北京：中国计划出版社,2006.
[32] 中华人民共和国国家标准. GB 50176—2016 民用建筑热工设计规范[S]. 北京：中国建筑工业出版社,2016.
[33] DBJ/T 15-81—2011 建筑混凝土结构耐火设计技术规程[S]. 北京：中国标准出版社,2011.
[34] 李世安. 火灾过程预应力混凝土梁桥力学性能分析及灾后评价方法[D]. 西安：长安大学,2012.
[35] 张岗,王翠娟,贺拴海,等. 桥面火灾下多梁式混凝土 T 型梁桥抗火性能[J]. 长安大学学报(自然科学版),2013(5)：52-56.
[36] 上海市地方标准. DBJ 08-219-96 火灾后混凝土构件评定标准[S]. 上海,1996.
[37] CECS 252：2009 火灾后建筑结构鉴定标准[S]. 北京：中国计划出版社,2009.
[38] Neves I C, Branco F A, Valente J C. Effects of formwork fires in bridge construction[J]. Concrete International, 1997, 19(2)：41-46.
[39] 郑继光,王兴,刘忠固. 意外火灾对预应力混凝土桥梁结构的损伤分析[J]. 北方交通,2007(12)：54-57.
[40] 刘华,高宗余,刘其伟,等. 某预应力混凝土连续梁桥火损评估与加固[J]. 桥梁建设,2015(4)：81-87.
[41] 吕天启,赵国藩,林志伸,等. 高温后静置混凝土的微观分析[J]. 建筑材料学报,2003(2)：135-141.
[42] 强旭红,罗永峰,罗准,等. 钢结构构件火灾后材料性能试验研究[J]. 土木工程学报,2009(7)：28-35.
[43] 周新刚,吴江龙. 高温后混凝土与钢筋粘结性能的试验研究[J]. 工业建筑,1995(5)：37-40.
[44] 张奕,金伟良. 火灾后混凝土结构耐久性的若干研究[J]. 工业建筑,2005(8)：93-96.
[45] 中华人民共和国国家标准. GB/T 4968—2008 火灾分类[S]. 北京：中国

标准出版社,2009.
[46] 傅传国,刘玮,孔唯一,等. 基于升降温全曲线的钢筋混凝土梁温度场分析[J]. 山东建筑大学学报,2015(4):307-317.
[47] 巩存蕊. 高温作用下混凝土梁温度场与热损伤的试验研究[D]. 郑州:河南工业大学,2013.
[48] T T Lie. ASCE manuals and reports on engineering practice structural fire protection[M]. New York:American Society of Civil Engineers,1992.
[49] 吴波,马忠诚. 火灾后钢筋混凝土结构损伤评估与抗震修复[R]// 哈尔滨建筑大学科学研究报告,1997.
[50] S Magnusson,S Thelandersson. Temperature-time curves of complete process of fire development[R]. Sweden:Lund Institute of Technology,1970.
[51] EN 1991-1-2-2002 Eurocode 1:Basis of design and actions on structures actions on Structures exposed to fire[S]. American,2002.
[52] ISO 834 Fire resistance tests-elements of building construction[S].
[53] ASTM-E119 Standard methods of fires endurance tests of building construction and materials[S].
[54] CAN4-S101-M82 Standard Methods of Fire Endurance Tests of Building Construction and Materials[S].
[55] E G Butcher,T B Chitty,L A Ashtonet,et al. The temperature attained by steel in building fires[M],1966.
[56] 俞博,叶见曙,温天宇. 火灾下混凝土空心板的温度场[J]. 东南大学学报(自然科学版),2009(3):536-540.
[57] 杨世铭,陶文铨. 传热学[M]. 北京:高等教育出版社,2006.
[58] Eurocode No. 2,Part10. Design of Concrete Structures[S].
[59] Lie T T. Factors Affecting the Fire Resistance of Circular Hollow Steel Columns Filled with Steel-Fibre Reinforced Concrete[R]// NCR-CNRC Internal Report,1993.
[60] V K R Kodur,T C Wang,F P Cheng. Predicting the fire resistance behaviour of high strength concrete columns[J]. Cement & Concrete Composites,2004,26(2):141-153.
[61] 任红梅. 高性能混凝土剪力墙火灾反应理论分析与抗火设计[D]. 上海:同济大学,2006.
[62] 陆洲导. 钢筋混凝土梁对火灾反应的研究[D]. 上海:同济大学,1989.

[63] 王卫华,董毓利.带楼板钢筋混凝土T形梁火灾下(后)温度场研究[J].中南大学学报(自然科学版),2015(2):684-693.

[64] 张建荣,刘照球,刘文燕.混凝土表面自然对流换热系数的实验研究[J].四川建筑科学研究,2007(5):143-146.

[65] 张建荣,刘照球.混凝土对流换热系数的风洞实验研究[J].土木工程学报,2006(9):39-42.

[66] 刘文燕,黄鼎业,华毅杰.混凝土表面对流换流系数测试研究[J].建筑材料学报,2004(2):232-235.

[67] 中华人民共和国行业标准.JTG/T J22—2008 公路桥梁加固设计规范[S].北京:人民交通出版社,2008.

[68] 中华人民共和国行业标准.JTG/T J23—2008 公路桥梁加固施工技术规范[S].北京:人民交通出版社,2008.

[69] 李斐然,杜战军,曾彦.超宽装配式公路钢桥研发与应用[M].北京:人民交通出版社股份有限公司,2015.

[70] 罗春信.混凝土的切割方法[J].电焊机,1998(5):41.

[71] 朱慈祥,姜传刚.基于静力切割的混凝土箱梁桥拆除方法研究[J].公路,2013(1):7-12.

[72] 查进,李顺凯,李进辉,等.C50超早强高性能混凝土试验研究[J].公路,2011(1):207-209.

[73] 王骞.膨胀型混凝土长期性能及徐变特性研究[D].大连:大连理工大学,2008.

[74] 赵筠,廉慧珍,金建昌.钢-混凝土复合的新模式——超高性能混凝土(UHPC/UHPFRC)之一:钢-混凝土复合模式的现状、问题及对策与UHPC发展历程[J].混凝土世界,2013(10):56-69.

[75] 中华人民共和国国家标准.GB 50367—2013 混凝土结构加固设计规范[S].北京:中国建筑工业出版社,2013.

[76] 中华人民共和国行业标准.JC/T 907—2002 混凝土界面处理剂[S].北京:中国建材工业出版社,2002.

[77] 中华人民共和国国家标准.GB 50728—2011 工程结构加固材料安全性鉴定技术规范[S].北京:中国建筑工业出版社,2011.

[78] 李言.结构加固用混凝土界面结合胶的发展和应用[J].四川建筑科学研究,2011(3):214-215.

[79] 中华人民共和国行业标准.JTG/T F50—2011 公路桥涵施工技术规范

[S]. 北京：人民交通出版社,2011.

[80] 陈杰. 高速公路建设项目运营管理后评价研究[D]. 成都：西南交通大学,2002.

[81] 徐岳,武同乐,张劲泉. 桥梁加固后评价方法研究[J]. 公路交通科技,2006(S1)：91-94.

[82] 于大涛,廖朝华. 欧洲现有桥梁的评估[J]. 中外公路,2001(5)：35-37.

[83] 侯旭. 旧桥承载能力评价探讨[J]. 森林工程,2002(3)：38-39.

[84] 潘炬坤. 英国公路桥梁评价和养护管理标准简介[J]. 广东公路交通,2002(S1)：65-69.

[85] Darren R Hale, Pramen P Shrestha, G Edward Gibson Jret, et al. Empirical Comparison of Design/Build and Design/Bid/Build Project Delivery Methods [J]. Journal of Construction Engineering & Management, 2009, 135 (7): 579-587.

[86] 安慧,郑传军. 工程项目管理模式及演进机理分析[J]. 工程管理学报,2013(6)：97-101.

[87] 马世骁,刘丽丽,牟瑞,等. 工程项目管理模式分析与创新实践[J]. 建筑设计管理,2007(4)：9-11.

[88] ShuiHua Han, Chao-Hsien Chu, Zongwei Luo. Tamper Detection in the EPC Network Using Digital Watermarking[J]. 2011,9(5): 62-69.

[89] 张云亭. BOT + EPC ：组织逻辑与行动框架[M]. 北京：中信出版社,2013.

[90] 高阳. 以设计院为龙头的火电工程 EPC 总承包管理模式研究[D]. 北京：华北电力大学,2014.

[91] 李维芳. 以设计单位为主体的工程总承包模式探讨[J]. 价值工程,2012(26)：68-69.